# 时间管理
## 从入门到精通
### 如何击败99%的人

Brent◎著

TIME MANAGEMENT
FROM ENTRY TO THE MASTER

北京大学出版社
PEKING UNIVERSITY PRESS

## 内 容 提 要

时间是最公正的法官,它让人富有,也让人贫穷。成为高效能人士,还是碌碌无为者,关键就在于你的时间管理能力。

本书以高效能人士经常使用的时间管理方法为依据,结合所有可能导致低效的行为,给出了详细的策略以及行动方案,力求做到因病施药,药到病除!

本书最大的特点就是,把手机 APP 变成了时间管理利器。你只要拥有一部手机,就能充分利用时间,瞬间变为高效能人士,从此职位与薪水发生翻天覆地的变化。

让我们马上行动起来,在不经意间养成高效习惯!

**图书在版编目(CIP)数据**

时间管理从入门到精通:如何击败99%的人 / Brent著. — 北京:北京大学出版社,2017.6

ISBN 978-7-301-28212-0

Ⅰ.①时… Ⅱ.①B… Ⅲ.①时间—管理 Ⅳ.①C935

中国版本图书馆CIP数据核字(2017)第066638号

| | |
|---|---|
| **书　　名** | 时间管理从入门到精通——如何击败99%的人<br>SHIJIAN GUANLI CONG RUMEN DAO JINGTONG |
| **著作责任者** | Brent　著 |
| **责任编辑** | 尹　毅 |
| **标准书号** | ISBN 978-7-301-28212-0 |
| **出版发行** | 北京大学出版社 |
| **地　　址** | 北京市海淀区成府路205号　100871 |
| **网　　址** | http://www.pup.cn　　新浪微博:@北京大学出版社 |
| **电子邮箱** | 编辑部 pup7@pup.cn　　总编室 zpup@pup.cn |
| **电　　话** | 邮购部 62752015　发行部 62750672　编辑部 62580653 |
| **印刷者** | 三河市博文印刷有限公司 |
| **经销者** | 新华书店 |
| | 880毫米×1230毫米　32开本　6.625印张　143千字 |
| | 2017年6月第1版　2023年8月第11次印刷 |
| **印　　数** | 27001—29000册 |
| **定　　价** | 28.00元 |

未经许可,不得以任何方式复制或抄袭本书之部分或全部内容。
**版权所有,侵权必究**
举报电话:010-62752024　电子信箱:fd@pup.pku.edu.cn
图书如有印装质量问题,请与出版部联系,电话:010-62756370。

## 你叹时间不够,他叹时间太多

我发现一个很有趣的现象,有些人总在感叹时间不够,而有些人总在感叹时间太多,结果前者逐渐成为高效能人士,后者逐渐沦为平庸之辈。

你知道最可怕的是什么吗?不是效率低下,而是效率低下还不自知。那些懒惰的人,那些拖延的人,那些效率低下的人,往往都没有意识到自己的问题。当然任何时间管理方面的书籍都不可能帮到这些人,因为他们根本没想改变。

只有当一个人意识到时间不够用之后,才会去寻找改变的途径,那么各种时间管理方法才会起到相应的作用。

如今人们越来越忙碌,这是好事,也有不好的一面。勤奋是中华民族的传统美德,但生活的目的不应该只有工作,毕竟并非每个人都是工作狂。

如果你想兼顾工作与生活,在不降低收入水平与生活质量的前提下,你必须提高工作效率,这就要求你在有限的时间内创造更多的价值。

效率决定价值。你在1小时之内创造出300元的利润,按照五五分的比例,你就可以获得150元的收入;如果一天工作8小时,那么每天的收入就是1 200元。有些人同样每天赚1 200元,工作时间却长达12小时,也就是1小时只赚100元。

简单一对比,你就会发现两者在工作效率方面的差距。写到这里,突然想到一则寓言故事,大意如下。

4个年轻人去一家"生命银行"贷款,银行同意给他们一笔巨款,条件是50年之内连本带息还清贷款,否则将会被无情地剥夺生命年限。

第一个年轻人拿到钱之后，像很多人一样，想先吃喝玩乐一段时间，一玩就是25年。结果，到了70岁时还没有还清贷款，最后被生命银行无情地带走了。这个人叫"懒惰"。第二个年轻人拿到贷款之后，也是先享受一段时间，他觉得自己完全有能力用30年还清贷款。然而享受了20年，钱也花光了，他准备努力还债，但却发现压力太大了，所以一直拖延。结果，70岁时还欠着银行很多钱，他最终也被带走了。这个人叫"拖延"。第三个年轻人看到前两个人的下场，发誓要提前还完贷款，于是一直拼命工作，结果50岁时就还清了所有贷款。然而，没过多久他就累倒了，不久于人世。墓碑上写着他的名字——工作狂。只有第四个年轻人最聪明，他努力工作，同时用贷款享受生活，在60岁时便还清了贷款。之后开始环游世界，直到90岁死去的时候，仍面带微笑，他的名字叫"从容"。

从容而又高效地工作，同时兼顾生活，这才是最理想的工作状态。阅读本书，通过学习各种时间管理技巧、方法，让你可以在有限的时间内完成更多的工作量，从而轻松击败99%的人。曾经有一位亿万富豪说过，世界上99%的人都是贪图安逸的，你只要去做就有机会。

的确如此，我们不仅要行动，还要有高效的方法，我相信，击败99%的人并不是难事。掌控时间，方能成就卓越。

学习本书，可以使你在与竞争对手的比拼中占得先机。本书与APP软件相结合，规划时间，提高工作效率。学习如何管理时间，一本书、一部手机、一款APP就够了！

在本书的编写过程中，我们竭尽所能地为您呈现最好、最全的实用功能，但仍难免有疏漏和不妥之处，敬请广大读者不吝指正。若您在学习过程中产生疑问或有任何建议，可以通过E-mail或QQ群与我们联系。

　　投稿信箱：pup7@pup.cn

　　读者信箱：2751801073@qq.com

　　读者交流群：558704870（ReadHome）

# 目录 CONTENTS

## 第一章　高效能人士的目标管理法 // 001

第一节　没有目标VS目标过多 // 001

第二节　制定目标要遵循SMART原则 // 006

第三节　化繁为简的目标拆解法 // 011

【APP实战】Jiffy-Time tracker与10 000小时定律 // 013

## 第二章　每天的零散时间多到不可思议 // 020

第一节　别让碎片化时间毁了你 // 020

第二节　每天省出1小时并不难，难就难在做什么 // 024

第三节　通勤时间做什么效果最好 // 028

第四节　整合零散时间的瑞士奶酪法 // 032

第五节　网友的碎片化时间都在做什么 // 035

【APP实战】为每一段零散时间安排任务 // 038

【APP实战】记录零散时间的开销 // 042

## 第三章　你在太多地方浪费了时间 // 048

第一节　你的人生还剩下多少时间 // 048

第二节　抓住偷走你时间的"贼" // 051

第三节　无意识状态下损耗的隐形时间 // 058

第四节　你的时间真的那么不值钱吗 // 062

第五节　你有必要打那么久的电话吗 // 065

第六节　利用番茄钟专注于工作 // 068

第七节　别把时间浪费在邮件上 // 072

第八节　大部分会议都是无效的 // 077

【APP实战】如何利用日程表安排自己的时间 // 082

## 第四章　拖延症让你无法成为更优秀的自己 // 088

第一节　你有拖延症吗？测测便知 // 088

第二节　拖延症患者要学会利用"8小时之后" // 091

第三节　凡事等明天的消极思维 // 095

第四节　成功人士也有拖延症？都是一心多用惹的祸 // 099

【APP实战】利用计划表消除拖延症 // 102

【APP实战】养成好习惯方能治愈拖延症 // 108

## 第五章　TO-DO LIST与执行方案 // 121

第一节　1-3-5法则 // 121

第二节　Stop-doing List // 124

第三节　高效能人士都是清单控 // 128

第四节　为每项任务设定最后期限 // 134

【APP实战】待办清单的分类、拆分与细化 // 138

## 第六章　会做计划的人效率都不会太差 // 148

第一节　没有计划的人都是在瞎忙 // 148

第二节　从"1"到"5",玩转高效计划表 // 153

第三节　利用目标倒推法制订计划 // 158

【APP实战】利用思维导图制订工作计划 // 162

## 第七章　你的时间是整理出来的 // 166

第一节　你的办公区看上去像个垃圾场吗 // 166

第二节　高效能笔记整理术 // 171

第三节　海量邮件整理技巧 // 176

第四节　如何高效地搜集、分类、整理信息 // 179

【APP实战】是时候整理你的联系人了 // 183

## 附录1　经典的时间管理方法 // 189

【方法1】10 000小时定律 // 189

【方法2】四象限法则 // 191

【方法3】GAINS法则 // 193

【方法4】5分钟临时清单 // 195

## 附录2　超级实用的时间管理哲理与技巧 // 199

# 第一章
## 高效能人士的目标管理法
Chapter 1

## 第一节 没有目标VS目标过多

没有目标的人与目标太多的人PK，你猜谁能赢？

前者刚开始就放弃了，后者坚持到最后还是输了。

没有目标？目标过多？这两种情况只能带来同样的结果——失败！如果你存在上述两种情况之一，就必须做出改变。

首先来看没有目标的情况。

没有目标的人，根本谈不上效率，因为他们大部分时间都不知道该做什么。分配给什么任务他们就去做什么，只有在别人的监督下才能完成，往往习惯于磨洋工，导致完成时间远远超出既定的时间。

这些人最本质的问题在于没有热情，他们从事着自己不喜欢、不感兴趣的工作，所以根本没有设定目标的动力。

解决方法非常简单,目前的工作无论赚多少钱,只要不是自己喜欢的,就毅然决然地跟它说再见。在这个过程中,很多人会担心一个问题:"现在行动会不会太晚?"你听说过摩西奶奶吗?她写过一本《人生从来没有太晚的开始》,讲述的就是自己的传奇经历。

摩西奶奶 76 岁时才开始画画,而之前只是一位普普通通的农妇,直到被一位收藏家发现,才得以走向世界。80 岁时,摩西奶奶在纽约举办了个人画展,从此轰动世界。

如果你还是觉得不可能,那么索性放弃吧,你的人生也就这样了。合上这本书,它不是给自甘平庸的人准备的。

人们总会为开始行动找出各种各样的借口,这只能说明热爱的程度还不够。如果你是一位美食家,就会去寻找各种各样好吃的馆子遍尝美食;如果你是一位足球迷,有时间就一定会去踢比赛。

即使你什么兴趣都没有,只喜欢窝在家里看美剧,至少也会上网找找那些好看的。

没有目标的人最大的问题就是不够热爱,所以应该认真分析,做出改变。

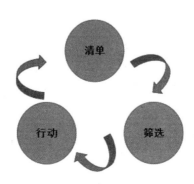

（1）把你感兴趣的事写下来，然后逐一分析，找出最喜欢的，再找出最容易实现的，然后取中选择。

（2）在那些折中的目标中，首先选取跟事业相关的，然后选出你最擅长的，因为最擅长的事情最容易做好，实现的可能性也最大。

（3）开始行动！

再来看看第二类人，这些人从不缺少目标，问题在于目标太多。有一则寓言故事能很形象地反映这类人的状态。

有位农夫早起出门耕田，半途耕地机没油了，他准备去加油，然后回来继续耕地。突然，他想到家里的猪还没有喂，于是转头回家喂猪；经过仓库时，看见自家的马铃薯，他想起马铃薯可能正在发芽，于是又来到马铃薯的地里干活；干着干着看见了木柴堆，想到家里没有柴火了；正当要去取柴的时候，看见了一只病鸡……

就这样，农夫的一天都在忙碌着，但是连一件事也没有做完。

这虽然只是一则有些夸张的寓言故事，但现实生活中的确存在很多这样目标太多的人。

没有目标是可怕的，目标太多同样可怕。我们经常嘲讽没有目标的人，实际上目标太多的人跟他们差不多，最终的结果都一样。在相同的时间内，为什么有人轻松就成为超级富豪，有人忙到疯却穷困潦倒，这就涉及目标与单位时间内处理任务的能力。

设定一个目标，然后高效完成，这就是效率，也是高效能人士的习惯。

我认识一个刚毕业的年轻人，满怀理想，想要做出一番业绩。他平时没少看书，其中也不乏人生规划类的书，但是讲到实际方法的却很少。

同时，他为自己设定了很多目标，包括三年计划、五年计划、十年计划等，仅短期目标就有十几个，长期目标更多。

成为月度销售冠军；

年底用奖金买一辆属于自己的车；

三年内跳槽到行业内前十的公司；

五年内成为销售经理；

十年内成为销售总监；

……

尽管这些目标并不算是痴心妄想，但是对于一个刚毕业的年轻人来说确实有点难。这还不是问题的关键，关键在于他为自己设定的目标太多。

下面我以他一天的工作任务作为模板进行分析：

9:00-10:00　　记录晨会报告，浏览相关新闻，整理办公桌；
10:00-11:00　　电话拜访10位新客户；
11:00-12:00　　通过网络寻找客户，发布信息，以微信沟通；
12:00-16:00　　追踪跟进前几天预约的客户，拜访新客户；
17:00-20:00　　总结当天工作情况，汇报工作，制作PPT。

对于高效能人士来说，这是一份比较合理的任务清单；然而对于刚毕业的学生来说，这些要求就过于严苛了。在没有掌握高效的时间管理技巧之前，设定这么多目标很可能会导致一件事也做不好。

以 9:00—10:00 这个时间段为例，一个小时之内处理 3 项任务，按说比较合理。但是仔细分析就会发现，新人在不了解公司、不了解业务情况的前提下，要在一个小时之内完成 3 项任务显然难度很大。

记录晨会报告容易，但是要真正理解内容并不容易，与其记录下来回去消化，不如当时提出问题，请领导或同事帮忙解答。浏览相关新闻与整理办公桌都比较容易，但也会占据一定时间，所以不如简化为一个目标，即好好理解晨会报告，并向同事请教。其他两个目标顺延即可。

世界上 99% 的人都是碌碌无为的，而其中又分为没有目标混日子的和目标太多做白日梦的。前者没有追求，贪图安逸的生活，但也没什么遗憾，毕竟是自己选择的；后者则比较可惜，本来是一群有理想的人，就因为目标设置过多，结果哪件事也没做好，最终沦为只会做白日梦的平庸之辈。

那么我们究竟该怎样设定目标，设定目标要遵循怎样的原则呢？笔者认为有以下几个关键点。

- 脚踏实地
- 目标清晰
- 能够完成
- 设定时限

脚踏实地讲的是，设定目标时一定要考虑到自己的能力，只要自己能完成，设定多少目标都行。

目标清晰指的是，必须知道自己想要什么。很多人目标设定得很模糊，例如"我想成为销售冠军"，究竟是月度冠军还是季度冠军？没有一个固定的时间段，这就叫模糊目标。

能够完成指的是，设定的目标一定要可以实现，否则没有意义。你想成为马云，这个目标就没有实际意义，谁不想成为马云，但又有几个人能实现呢？

设定时限指的是，为每一个目标设定完成时限，这样就可以有效节省时间。

## 第二节 制定目标要遵循SMART原则

SMART原则是一套很著名的目标管理法则，最早由管理大师彼得·德鲁克在《管理实践》一书中提出，具体包括五项原则。

- 有时限的（Time-bound）
- 具体的（Specific）
- 有相关性的（Relevant）
- 可实现的（Attainable）
- 可衡量的（Measurable）

为了更清楚地说明SMART原则，举个例子：

有3组人，分别向10千米外的3个村庄前进。

第一组人不知道村庄名字，不知道路程远近，只被告知跟着向导走即可。

第二组人知道村庄名字，知道路程多远，但是路边没有里程碑，无法衡量。

第三组人知道村庄名字，知道路程远近，同时每走一千米都会看到里程碑。

根据上述信息，你觉得哪一组会最先到达目的地？

毫无疑问会是第三组！

因为第三组人的目标完全遵循了SMART原则，具体、可衡量、可实现，所以很容易应对行程中的困难并战胜它们，从而迅速到达目的地。

有人问：做事情为什么要有目标？

因为没有目标，就没有效率可言！

人生可以没有目标，做事情也可以没有目标，不可否认这是很多人的人生态度。但如果你是一个有追求的人，并渴望成为高效能人士，就必须在目标的指引下行事，这样才能事半功倍。

无法达成目标是会让人失望的，而如果一直无法达成，就会让人放弃努力。要想让目标带给人们快乐,就必须遵循可实现的原则。人的欲望是无穷尽的,今年你挣了 10 万元,明年就希望能赚 15 万元。如果超出预期,你肯定会感到开心;如果没能达到预期,自然就会感到失望。

而运用 SMART 原则,就是为了防止这种目标未能实现从而带来挫败感的情况发生。

### 1. 有时限的(Time-bound)

目标是有时限的,不能无止境地等下去。明日复明日,明日何其多?很多人的拖延症就是这样形成的。

人都是有惰性的,99% 的人又都是贪图安逸的,所以一个没有时限的目标是难以实现的。就拿写作这件事来说,现在很多作者都是兼职写书,有些人工作繁忙,闲暇时间本来就不多,一本书可能会写上一两年。在今天这个讲究效率的时代,一个选题写上一两年,恐怕等你写好了,这个热点也过去了,你的书写得再好也没有价值了。所以,我们在设定目标的时候,一定要有截止日期。

### 2. 具体的(Specific)

模糊的目标不利于被执行。假如你说自己的目标是变得更加富有,这样的目标就不符合 SMART 原则,同样也不会让你变得富有。因为你的目标太模糊,"富有"是什么标准?你必须将目标数字化,比如你年收入想要达到 40 万元,实现财务自由。这样的目标才是具体的,一旦确定就会付诸行动。而要怎么做才能在一年内赚 40 万元?一旦有了压力,人们就会立即行动。

### 3. 有相关性的（Relevant）

高效能人士的职业生涯都是有延续性的，他们不断积累、不断成长，而且目标从不间断。这些人设定的目标都是有相关性的，三年目标、五年目标、十年目标，都遵循着一条主线。

比如一个人大学读财务专业，毕业后先从出纳做起，然后做会计，接着考会计师资格证书，终极目标则是成为注册会计师或者自己创业。这样每一步之间都是相互关联的，不会像低效能人士，今天做销售，明天做文案，后天又去做物业。

你以为自己是全才，实际上哪一行都没有做精，最后只能越混越差。

### 4. 可实现的（Attainable）

对高效能人士来说，任何不可实现的目标都是没有意义的，只会打击人们的积极性。如果你设定了一个不可能实现的目标，那么其意义何在呢？

假如你目前的薪水是每个月 5 000 元，积蓄有 10 万元，你告诉自己，明年一定要在北京买一套房。那么在不受家人资助的情况下，目标实现的可能性几乎为零。既然无法实现，也就毫无意义。

建议设定目标的时候一定要多问问相关专业人士，而不要盲目。

### 5. 可衡量的（Measurable）

前面讲到了目标要具体，那么目标可衡量就是要以数据作为标准。假设你是销售人员，这个月希望业绩有所提升，那么就要结合上个月业绩给出具体标准。例如上个月完成了50万元的业绩，这个月至少要提高20%，也就是达到60万元的业绩。

可衡量，就是要有参照标准。一旦有了对比，就会有压力，也就会更积极地付诸行动。

下面给大家讲一个故事。

某人经过一处建筑工地，看到三位石匠，于是问他们在做什么。三个人的回答如下。

第一个石匠回答："我在工作，养家糊口，混口饭吃。"

第二个石匠回答："我在努力成为最好的石匠。"

第三个石匠回答："我正在建造一座大教堂。"

三个人都是有目标的，然而受眼界所限，最终命运也各自不同。第一个人属于混吃等死型，符合如今职场很多人的现状；第二个人能够成为比较出色的员工；第三个人则会成为管理者，因为他能够看到工作与最终目标的关系。

SMART原则非常重要，可以说是设定目标时的基础性要素。

如果相关性很低，即便目标实现了意义也不大，例如第一个石匠，养家糊口这样的目标，任何工作的人都可以实现。

如果目标不可衡量，例如第二个石匠，成为最好的石匠这样的目标没有可比性，而且过于理想化，脱离现实。

相比之下，第三个人的目标比较合理，除了缺少时限性，其他几个因素都具备了：具体，可实现，可衡量，有相关性。

设定目标遵循SMART原则，可以说想要成为高效能人士的不二法宝。

## 第三节 化繁为简的目标拆解法

目标拆解法是一种简单易行的目标管理方法，在实际工作中运用广泛。即便是高效能人士，面对复杂程度很高的目标时也会没有头绪。他们并非具有高人一等的智商，而是善于将复杂的目标分解为若干简单的目标，这样一来就能达到化繁为简的目的，自然也就可以提升效率。

人们做任何事都是想看到希望的，这就是目标的重要性所在。将目标化繁为简，就是为了让人们看到目标实现的可能性，我们举个例子说明。

假如你月薪只有3 000元，突然有一天却发誓要赚100万元，于是100万元成为你的终极目标。

$$3\,000 元 \times 12 个月 = 36\,000 元$$

$$10 年\quad 36 万元$$

$$20 年\quad 72 万元$$

$$30 年\quad 108 万元$$

也就是说，不吃不喝30年，你才能实现自己的终极目标。

显然，这样的目标让人看不到任何希望，也就毫无动力去执行。然而如果利用目标拆解法，这项不可能完成的任务就会显得相对轻松一些。如何拆解目标呢？

你可以将30年的长远目标划分为若干小目标，比如以5年为一个档期。

$$5 年$$

$$10 年$$

15 年

20 年

以每年工作 250 天计算，每天工作 8 小时，那么一年需要工作 2 000 小时，5 年就是 10 000 小时。根据 10 000 小时定律，5 年的时间完全可以成为某领域的专家。也就是说，5 年后你的收入有可能翻倍增长。

我们来看一个目标分解表格。

| 工作年限 | 预计职务 | 预计平均年薪 | 5年收入总计 |
| --- | --- | --- | --- |
| 5年 | 优秀员工 | 6万元 | 30万元 |
| 10年 | 主管 | 10万元 | 50万元 |
| 15年 | 公司高管 | 15万元 | 75万元 |
| 20年 | 总经理 | 20万元 | 100万元 |

上面的目标分解表格一目了然，这时你会发现，100 万元的人生终极目标显然有些可笑，因为你完全有能力做得更好。

月薪 3 000 元的时候，设定一个 100 万元的目标显然有些困难，会在很大程度上打消积极性，但分解成若干小目标就简单多了。

可见目标清晰明了，奋斗的动力才会更足，从而可以更早实现人生目标。

关于拆解目标，完全可以通过 APP 来实现。这方面的目标管理软件很多，你可以对大目标进行拆解，每次完成一个小目标，并且可以通过手机随时查看完成情况。

在手机 APP 上进行目标拆解，是一种非常高效的方法。每天无数次打开手机，都会看到被拆分出来的小目标，这样就会有意识地去执行，从而提升效率。

## 【APP实战】Jiffy-Time tracker与10 000小时定律

APP实战是本书的重点，时间的管理方法很多，但最有效的就是人们使用频率最高、最简单的方法。我想表达的是，不管哪一种时间管理方法，都必须好好利用才能起作用，否则也会没有效果。

如何让现代人更有效地使用这些时间管理方法呢？我思考了一段时间之后，发现人们使用手机的频率是最高的，而越是效率不高的人使用手机的频率越高。所以我认为，结合这群人爱玩手机的习惯，完全可以通过将APP与时间管理方法相结合来帮助他们提升工作效率。

设定有效目标可以节省时间，大大提升效率。然而很多人学会了设定目标，执行力却跟不上，这就需要进行目标跟踪。

Jiffy - Time tracker就是一款时间记录APP，设定完目标之后，一定要进行跟踪记录，这样才能确保目标被执行。

APP简单实用，一部智能手机，一款免费软件，就可以轻松记录时间，进而提高时间管理能力。

Jiffy - Time tracker是一款时间记录APP（本书只选取安卓系统进行讲解，iOS的大同小异），也是我知道的最好用的时间记录APP。这款APP非常适合10 000小时天才理论，可用来记录技能提升的10 000小时。

### 什么是10 000小时定律

格拉德威尔曾在《异类》一书中指出："人们眼中的天才之所以卓越非凡,并非天资超人一等,而是付出了持续不断的努力。一万小时的锤炼是任何人从平凡变成超凡的必要条件。"

格拉德威尔将此称为"10 000 小时定律"。要想成为某个领域的专家，就需要付出不断的努力，而格拉德威尔认为这个时限是 10 000 小时。按比例计算：

如果每天工作 8 小时，一周工作 5 天，那么成为一个领域的专家至少需要 5 年。

这就是 10 000 小时定律。这项理论并非凭空想象而来，英国神经学家 DanielLevitin 认为，人类的大脑确实需要这么长的时间去理解和吸收一种知识或者一项技能，然后才能达到大师级水平。

放眼各个领域的大师级人物，无不是在付出长久的努力之后才让记忆达到至臻完美境界的：享誉世界的贝氏弧线，身后是贝克汉姆远远超过 10 000 小时的训练；日本匠人一生只做一件事；比尔·盖茨 13 岁时开始学习计算机编程，7 年后创建微软公司，远远超过 10 000 小时；音乐神童莫扎特在 6 岁生日之前，父亲就已经指导他练习了 3 500 个小时；象棋神童鲍比·菲舍尔，17 岁便奠定了大师级地位，而他从 7 岁的时候就开始了艰苦训练……

科学家在大量的调查研究中发现，各个领域的顶尖人物，都离不开 10 000 小时定律。对，而且至少是 10 000 小时。5 年时间你也许可以成为行业专家，但想达到顶级水平至少要练习 10 000 小时以上，按照每天 3 小时计算，则需要 10 年。

### 一万个小时是怎么算出来的？

格拉德威尔通过大量的调查研究发现，在任何领域取得成功的关键不是天赋，而是练习的时间。想成为顶尖人物，至少需要练习 10 000 小时。以 10 年为期限，需要每周练习 20 小时，每天练习 3 小时。

20 世纪 90 年代初，瑞典心理学家安德斯·埃里克森在柏林音乐学院也做过调查，学习小提琴的学生大都是 5 岁开始练习，最开始每位学生每周只练习两三个小时。但从 8 岁起，越是优秀的学生每周练习的时间越长：9 岁时 6 小时，12 岁时 8 小时，14 岁时 16 小时，直到 20 岁时达 30 多小时，共 10 000 小时。

**如何利用Jiffy记录时间**

如果你想成为一个博学的人，那么就要阅读大量书籍，我们可以用 Jiffy 进行阅读跟踪。首先要建立一个阅读目标，如建立一个名为"1 万小时阅读计划"的任务。

1. 建立任务

2. 开始阅读，设定起始时间

Jiffy 会在手机的通知菜单中显示当前的任务与已进行的时长。

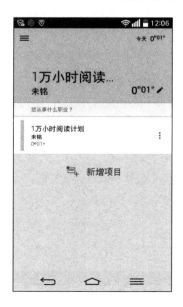

Jiffy 的统计相当丰富，在安卓系统中的界面也相当漂亮。

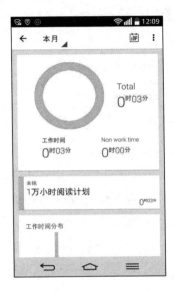

3．新增任务

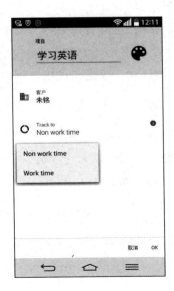

点击新增任务之后，输入项目名称"学习英语"，接着选择客户。大部分人都是用来记录自己的时间花费，当然也可以记录其他人的，例如监督孩子学习。

注意，时间段选择分为：

Non work time 非工作时间

Work time 工作时间

一般来说，关于技能提升的训练都设定在非工作时间。以每天 3 小时来计算，你需要 10 年才能成为业内顶级大师。如今生活节奏这么快，很难有人可以保证每天练习 3 小时以上，所以你应该清楚，要想成为精英，任重而道远。

当你认清现状之后，就会增强紧迫感，提升工作效率。

为什么我们需要类似 Jiffy 这样的时间跟踪 APP？

因为在这个信息大爆炸的时代，很容易分心。而一旦分心，效率就会成倍地降低，最终影响工作。

利用时间记录 APP，可以将每一项重要工作记录在软件中，以便知道每项任务花费了多少时间，而自己的预算又是多久。以这样的方式增加紧迫感，你就会尽快去完成任务。

假设你一天设置了 3 项重要任务：

- 拜访客户，预计用时 3 小时
- 制作销售报表，预计用时 1 小时
- 整理邮件，预计用时 1 小时

利用 Jiffy 软件分别创建三项任务，然后分别计时。期间肯定会遇到其他情况，比如接到客户电话，这是不可避免的，而你要对此有所取舍。

假设在整理邮件时，同事请你帮忙做一件私事，为了按时完成任务，你可以委婉地推辞或是完成任务后再去帮忙。

　　如果是紧急情况，比如在制作销售报表时有客人来访，你必须去接待，那么处理完成后看看 Jiffy 的任务时限，你就会意识到时间紧迫从而加快工作速度。

　　通过查看任务进度的方式，可随时了解自己的工作效率。如果你想成为高效能人士，就必须有很强的紧迫感，并加快工作速度。

　　下载一个 APP 很容易，应用起来也很容易，所以很多人为了好玩，建立了一堆工作任务。这就是前面讲到的目标过多，结果最后一件也没做好。

　　这需要一个过程，渐渐地你就能学会从任务列表中精简出自己最感兴趣的，并使之保持在 20% 之内。相信我，这些才是对你来说最重要的任务，可以为你带来 80% 的收益与提升。

# 第二章

## 每天的零散时间多到不可思议

Chapter 2

## 第一节　别让碎片化时间毁了你

这一节与其他很多时间管理书不同，其他书都在强调如何利用碎片化时间，而我给出的题目则是"别让碎片化时间毁了你"。

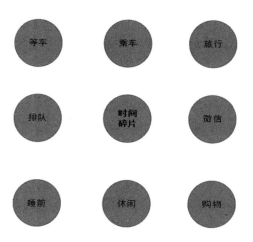

我从不否认碎片化时间的作用，而且相信如果能学会高效利用它们，肯定是利大于弊。虽然很多人也意识到碎片化时间的重要性，上班途中、工作间隙、等车时等，都在"高效"利用时间，然而效果并不好，最终将整块的时间割裂，以致起了反作用。

我们来看看普通人是如何利用碎片化时间的：

6:30——起床醒眼，刷微博；

7:00——洗漱完毕，出门买早点等公交，期间一直在刷手机；

7:00-8:00——在公交车上看新闻，刷微博，为的是掌握更多资讯，实际上看的内容与工作关系不大；

8:00-8:30——泡茶看新闻，整理办公桌，准备工作，这时因为之前浏览信息量过大，导致头昏眼花；

12:00-13:00——午饭之后开始逛淘宝、京东，闲聊；

19:00-20:00——归家心切坐地铁，期间想总结一天的工作，但还是忍不住继续刷朋友圈；

……

大部分人的碎片化时间实际上是没有效率的，即便有些人已意识到它的重要性，也很容易被各种琐事干扰。

实际上，每个人的碎片化时间大部分都被用于玩手机，很难集中注意力。所谓充分利用碎片化时间，只不过是利用手机休闲娱乐，而非提高效能。更为严重的是，一旦患上微信依赖症，就离不开朋友圈，那么整体的工作时间也会被割裂开。工作中这样的现象很常见，QQ响了，朋友圈有更新了，微信有人找……你会发现自己非常忙，只能利用工作间隙一一回复，但是又觉得很充实，因为充分利用了碎片化时间。

不错，你的碎片化时间的确被利用了，但不是用来自我提升的，而是用来休闲娱乐的。

充分利用碎片化时间，为的是提高工作效率，而不是娱乐。例如，碎片化阅读，如今"鸡汤类"公众号做得很火，据说"鸡汤文"的稿费已经达到千字 300 元，远高于纸质图书的稿费。

很多人爱看"鸡汤文"，尤其是在通勤期间。我们暂且不论"鸡汤文"的利弊，只是利用通勤时间阅读几篇文章，并不能代替真正的阅读，而且走马观花地看一遍，最终很可能什么都没记住，效果几乎为零。

碎片化阅读并不利于思考，因为时间大都被无用的信息占据。

再来看碎片化社交，各种微信群、QQ 群聊上一两句，客套话刚说完就下车了。等有时间再说上两句，已接不上别人的话题，同样无助于社交。

所以，大部分人的碎片化时间并没有被有效利用，反而是被浪费了。最终只是无效阅读、无效社交、无效学习，可以说转化率非常低。最令人担忧的是，过度利用碎片化时间，会影响正常工作时间的效率。因为之前花费了太多精力在无效的事情上，正式开始工作的时候精力就会下降。

别让碎片化时间毁了你，当然这并不是让你闲暇时间什么都别做。高效能人士都非常忙，他们很善于利用碎片化时间处理工作，进而实现自我提升。

那么，高效能人士是如何利用碎片化时间的呢？

### 1. 有明确的自我定位

简单来说，就是清楚地知道自己要做什么。用碎片化时间做什么？完全取决于你要达到的目标。如果下个月你要进行雅思考试，那么近期的碎片化时间就要用来复习英语；如果你想要成为下个月的销售冠军，那么近期的碎片化时间最好用来联系客户。

### 2. 与手机 APP 相结合

既然现代人已经离不开手机跟网络，那么就要顺势而为。结合你近期的目标，找到相应的 APP 软件，从而极大地提升效率。这样工作间隙，通勤路上，就不再是无聊地刷微博、朋友圈，而是点开 APP 处理与近期目标相关的事项。

### 3. 设定严格的标准

高效能人士之所以可以最大化利用碎片化时间，就在于设定了严格的标准。

（1）关掉一切提醒。

包括 QQ、微信、邮件甚至电话等，全身心投入工作状态。工作效率高的人并非冷酷到没有朋友，相反他们与朋友的联系更加频繁。然而在处理重要任务时，或者想要充分利用工作间隙时，他们就会关闭提醒，杜绝一切干扰。

（2）减少选项，设置优先级。

要想利用好碎片化时间，就必须跟自己的能力相匹配。如果具备"多任务处理"能力，可以多做几件事；反之则尽可能减少选项，只做一两件事。例如，通勤时间只用来背单词，每天背 20 个，长期下来也会有所收获。

（3）利用手机记事簿。

好记性不如烂笔头，尤其是在碎片化时间内，想到的事情最好马上记录下来，否则很容易遗忘。利用手机记事簿或者APP软件，将重要的事记下来，还可以设置提醒，这样一来你的碎片化时间就不会被浪费了。

美国版"知乎"Quora上面有一个针对时间管理的假设，反映出很多人在时间管理方面的困境：

假设你是一位武士，要去拯救被困在火海的公主，然而不断有敌人来袭，如果不反击就会被打死，如果恋战就无法救下公主。

公主象征着人们心中的梦想，等候太久就会被火海吞没。在现实生活中，有太多人的梦想因为"时间不够"而夭折。实际上，时间对任何人都是公平的，我们不仅要战胜敌人，还要救下公主。只要能够充分利用碎片化时间，实现梦想就并非痴人说梦。

这世界上，有多少人的梦想都是利用挤出来的时间实现的。一个人每天除了工作，一定会有空闲时间，而这部分时间也决定了人与人之间的差距。

希望碎片化时间不要成为你的梦魇，而是成为助你开启成功大门的钥匙。

## 第二节　每天省出1小时并不难，难就难在做什么

每天省出1小时，你就比别人多了60分钟，如果你将这省出来的时间用在提高工作效率上，久而久之就会与别人拉开差距。

道理谁都懂，但并不是谁都能做到。而且即便真的省出1小时，很多人也不知道该做什么；还有一些人，就算是多给他

们1小时，也会被浪费在"美好的事情上"，比如睡觉。

网友静谧：每天晚上11:30睡觉，早上6:40起来洗漱，7:45出门，8:30上班。如果一天25小时，我要用多出来的1小时去睡觉，因为我每天早上都起不来！

网友花花世界：如果多出1小时，我要用来谈恋爱！

网友茉莉：如果多出来1小时，我要用来为家人做晚饭，享受幸福生活。

……

相信99%的人都希望将时间浪费在"美好的事情"上，因为世界上99%的人都是贪图安逸的。这一点无可厚非，只不过并不符合本书读者群的价值观。

1小时在大部分人眼中都无足轻重，在高效能人士眼中却弥足珍贵，因为他们有很多事要做。

其实每天节省1小时并不难，只需要下载一个时间记录APP，记录每项任务所用时间即可。你会发现，每天被琐事浪费的时间竟然会达到40%~50%。也就是说，我们把浪费在琐事上面的时间节省下来，便很容易节省出1小时。

如何节省出1小时并不是本节的主题，不过既然说到这里，还是简单介绍一些方法。

从待办事项中筛选出必办事项——不是所有待办事项都要做完的，根据优先级筛选出必须处理的任务，这样就会节省出很多时间。

能在网上解决的事尽量别跑腿——水电煤气这些生活费用，如果点开APP软件一分钟就能解决，就别再跑邮局、银行排队浪费时间了。

在一个番茄钟内不要被打扰——研究表明，人们在25分钟之内的专注度最高，也就是一个番茄钟的时间。因此在此期间要避免被打扰，科研人员证实，一旦被打扰至少需要20分钟才能缓过神重新投入工作。

纠结的时间短一些——买这个还是买那个？去跑步还是去看电影？很多人尤其是完美主义者，在一些事情上纠结的时间太长，这在无形中就浪费了很多时间。

类似的方法还有很多，总之能让你很轻松地节省出1小时的时间。那么问题来了，省出来的1小时，你准备做些什么？

这才是本节的关键，做什么决定了是否能产生高效率、是否能与其他人拉开差距。那么，高效能人士都会做什么呢？大部分并非休闲娱乐，而是做与工作有关的事情。

有人说他们活得很累，表面看来的确如此。然而如果他们的兴趣在此，那么就不会觉得累。很多工作狂并不是为了赚更多的钱而加班加点，只是因为喜欢自己做的事，且这是他们最大的乐趣。

阅读——可以算作是一项休闲事项，不过高效能人士往往会选择与工作相关的内容，只有周末的时候才会看一些闲书。将每天多出来的1小时用来阅读，而且保持很高的阅读效率，就会让他们获得非常多的信息。

做计划——不会做计划的人，怎么做管理？每天公司的事情那么多，为了第二天进入高效的工作状态，一定要提前做好计划。

思考——成功者最大的特点就是爱琢磨。智商与情商是拉开差距的关键,聪明人往往不急于行动,反而是将更多时间用来思考。

沟通——沟通是很重要的一件事,也是成功人士高情商的表现。每天多出来的1小时,苦干实干不如打电话聊天。即便只是闲聊家常,也是联络感情的有效方式。

社交——打电话不如见面聊,所以如果有时间,尽量多参加社交活动。参加社交活动要比在家打电话强,打电话又要比苦干实干强。

高效能人士这样利用节省出来的1小时,看似与工作并没有直接关系,实际上却联系密切。他们在这1小时之内做的事,都是在为将来打基础,也许短时间内并不会给工作带来明显助益,但从长远看则会使他们受益非凡。

所以,每天节省出1小时之后,你一定要清楚做什么。记住,无论做什么,都最好与APP相结合,毕竟大部分人已经养成手机不离身的习惯。与其下意识地刷朋友圈,还不如点开相关APP,看看你今天的目标是否完成、业绩是否达标。

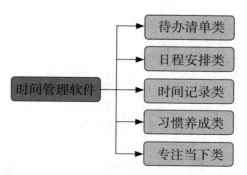

上图是时间管理软件的分类。类似的APP有很多,下载与你工作相关的并养成习惯,效率就会得到提升。

## 第三节 通勤时间做什么效果最好

下图是 2015 年全国 50 城市通勤时间表。

| 编号 | 城市 | 平均里程(总体) | 平均时间(总体) | 平均里程(公交) | 平均时间(公交) | 平均里程(驾车) | 平均时间(驾车) |
|---|---|---|---|---|---|---|---|
| 1 | 北京 | 19.20 | 52 | 21.9 | 57 | 17.5 | 48 |
| 2 | 上海 | 18.82 | 51 | 20.6 | 56 | 17.2 | 47 |
| 3 | 天津 | 16.95 | 46 | 19.1 | 53 | 14.8 | 40 |
| 4 | 苏州 | 15.51 | 43 | 18.3 | 50 | 12.6 | 37 |
| 5 | 广州 | 15.16 | 46 | 17.8 | 52 | 13.1 | 45 |
| 6 | 佛山 | 14.63 | 44 | 16.9 | 46 | 12.9 | 35 |
| 7 | 南京 | 14.14 | 41 | 15.3 | 48 | 12.7 | 35 |
| 8 | 重庆 | 14.12 | 43 | 15.5 | 47 | 12.6 | 35 |
| 9 | 深圳 | 13.97 | 40 | 15.0 | 48 | 12.7 | 35 |
| 10 | 武汉 | 13.95 | 39 | 15.3 | 47 | 12.4 | 32 |
| 11 | 大连 | 13.53 | 37 | 14.4 | 46 | 12.3 | 31 |
| 12 | 成都 | 13.45 | 41 | 13.7 | 47 | 13.4 | 30 |
| 13 | 东莞 | 13.37 | 38 | 15.4 | 46 | 11.1 | 30 |
| 14 | 中山 | 13.16 | 37 | 15.4 | 46 | 11.4 | 30 |
| 15 | 无锡 | 12.95 | 36 | 13.8 | 44 | 12.5 | 29 |
| 16 | 贵阳 | 12.60 | 36 | 13.8 | 44 | 12.1 | 28 |
| 17 | 西安 | 12.59 | 38 | 12.8 | 43 | 13.1 | 30 |
| 18 | 珠海 | 12.95 | 34 | 13.8 | 42 | 11.1 | 29 |
| 19 | 青岛 | 12.34 | 34 | 13.3 | 41 | 11.2 | 27 |
| 20 | 石家庄 | 12.31 | 35 | 13.5 | 40 | 10.5 | 28 |
| 21 | 宁波 | 13.31 | 33 | 12.5 | 40 | 12.1 | 26 |
| 22 | 沈阳 | 12.26 | 33 | 12.2 | 41 | 12.1 | 26 |
| 23 | 厦门 | 11.98 | 32 | 12.0 | 40 | 11.1 | 27 |
| 24 | 济南 | 11.75 | 34 | 13.6 | 42 | 10.2 | 29 |
| 25 | 杭州 | 11.67 | 35 | 12.5 | 42 | 10.8 | 31 |
| 26 | 秦皇岛 | 11.51 | 34 | 12.7 | 40 | 10.7 | 28 |
| 27 | 昆明 | 11.41 | 33 | 13.6 | 40 | 10.3 | 26 |
| 28 | 长春 | 11.35 | 32 | 12.6 | 39 | 11.5 | 26 |
| 29 | 温州 | 11.13 | 31 | 14.3 | 38 | 9.8 | 25 |
| 30 | 长沙 | 11.08 | 30 | 11.5 | 38 | 11.3 | 26 |
| 31 | 哈尔滨 | 10.95 | 31 | 11.8 | 36 | 10.3 | 24 |
| 32 | 郑州 | 10.56 | 30 | 11.6 | 37 | 10.6 | 24 |
| 33 | 合肥 | 10.48 | 31 | 12.6 | 36 | 9.6 | 23 |
| 34 | 南昌 | 10.47 | 30 | 12.5 | 30 | 9.2 | 23 |
| 35 | 烟台 | 10.45 | 29 | 11.0 | 35 | 8.9 | 22 |
| 36 | 福州 | 10.26 | 27 | 10.4 | 32 | 9.5 | 22 |
| 37 | 兰州 | 10.14 | 27 | 10.7 | 32 | 9.9 | 27 |
| 38 | 徐州 | 9.79 | 26 | 10.1 | 31 | 9.4 | 21 |
| 39 | 唐山 | 9.66 | 26 | 9.9 | 32 | 8.0 | 21 |
| 40 | 太原 | 9.66 | 26 | 10.2 | 32 | 9.2 | 23 |
| 41 | 乌鲁木齐 | 9.52 | 25 | 9.8 | 30 | 9.6 | 20 |
| 42 | 吉林 | 9.17 | 24 | 9.3 | 30 | 6.0 | 20 |
| 43 | 南宁 | 8.83 | 26 | 9.3 | 32 | 7.9 | 20 |
| 44 | 海口 | 8.82 | 25 | 9.4 | 31 | 7.4 | 19 |
| 45 | 呼和浩特 | 8.69 | 26 | 10.0 | 33 | 8.0 | 19 |
| 46 | 桂林 | 8.16 | 26 | 9.7 | 33 | 6.7 | 20 |
| 47 | 洛阳 | 7.92 | 25 | 9.4 | 31 | 6.3 | 20 |
| 48 | 银川 | 7.77 | 25 | 9.7 | 33 | 7.7 | 18 |
| 49 | 西宁 | 7.01 | 24 | 8.8 | 27 | 6.8 | 19 |
| 50 | 汕头 | 6.35 | 22 | 9.2 | 29 | 5.7 | 16 |

如果是乘坐公共交通工具，通勤平均时间最长的北京需要57分钟，最短的汕头也需要29分钟。这部分时间看似不多，但一年下来累计时间则是惊人的。以北京为例，2015年法定出勤天数是250天，每天57分钟，以全勤计算，一个人平均花费在路上的时间就是14 250分钟，即237.5小时。如果你1小时的收入是100元，那么就等于浪费了23 750元。

转换为数字之后，我们往往会对这样的结果有一个更加直观的感受，那就是震惊。

如果你家离单位很远，那么每天的通勤时间不会很短。对成功人士来说这是无法接受的，他们不会把时间浪费在路途中。然而在你成功之前，必定要经历一段拼搏的时光。你可以住得很远，但一定不能浪费掉这段时间。利用好通勤时间，也将是你超越他人、成为高效能人士的关键。

很多人在河北燕郊买房，因为房价便宜，离北京又不是很远。以国贸的上班族为例，算上等车时间，从燕郊到国贸至少要1小时30分钟，即每天至少有3个小时在车上。

当年通州被戏称为"死城"，因为下班到家就该睡觉了。在这些买房的人群中，90%以上的人考虑的都是经济因素：便宜。只有10%的人是用来过渡的，他们很清楚离北京越远成功越难的道理，于是一边忍受着那段难熬的时光，一边充分利用通勤时间，每天3个小时，1年1 095小时，10年10 950小时。

10年通勤路，就可以达到10 000小时定律的标准。只要肯努力，就一定可以成为行业精英而薪水翻倍。这时就可以在北京买房，从而离工作的地方更近。那么你的朋友圈也会发生改变，且每天下班之后不是急着赶车回家，而是跟同事聊聊天、跟客户喝点酒。相信我，你的改变一定会非常明显。

你现在没钱，也住得远，这些都是人生奋斗历程中的必然经历。只要你有明确的目标，有强烈的成功意愿，善于管理时间，那么你的效率就不会降低反而会超过很多人。

即便住在燕郊也不用怕，10年的通勤时间完全可以成就更好的自己。那么，每天在路上的时间要用来做什么呢？刷朋友圈、看新闻是不会帮你快速成长的，你要结合自己的目标进行有效的时间管控。

S目前是某出版社主任，在二环上班，当年在燕郊买房时还只是一位策划编辑，每天的通勤时间总计4小时。如今，他已经当上了第四编辑部的策划主任，而且还在二环买了一套小房子。他对零散时间的运用非常合理，尤其是每天4个小时的通勤时间，他几乎都在想选题、阅读各种信息。

他下载了很多类型的APP，包括时间管理、阅读、资讯等，一旦有了想法，就会通过微博、朋友圈、简书、豆瓣等网站寻找、洽谈作者。可以说，他的很多选题的初期策划都是在路上完成的。

因为善于利用通勤时间，同时大量阅读带来了广泛思路，他在单位无论是选题数量还是质量，一直都是第一，可谓无人能及。可以说，单位40%的业绩都是他一个人撑起来的。熬了几年之后，他被破格提拔为编辑部主任。

通勤时间做什么效果最好？当然是与你工作息息相关的。你在路上进行充分的阅读、思考，效果与预习相当，上班之后便可以达到效率的最高峰。

以下是推荐选项。

### 1. 阅读

阅读是通勤时间最容易实现且最有效的内容之一，一款与工作相关的 APP 就能让你了解到相关资讯。需要注意的是，很多人喜欢漫无目的地刷微信、看新闻。当然新闻可以看，知天下之后就要关注所在领域的消息，但尽量做到泛阅读，实在没必要太精细，有的内容只看标题即可；刷朋友圈则是最没必要的事情之一，除非你的朋友圈都是大富大贵之人，要么就是各行各业的精英，能够转发一些知识含量高的内容。如果是"鸡汤"就别看了，已经有研究证实，喜欢看"鸡汤"的人，智力与认知水平更低。

### 2. 做计划

你可以用笔记本，也可以做成目前很流行的手账，我与手账设计师合作的新书就有这方面的内容。简便的方法就是下载计划管理类 APP，将一天的计划尽可能精细地罗列出来。在上班途中，通过 APP 做计划很容易实现，可比背单词要容易多了。

### 3. 联系客户

在公交、地铁上打电话肯定不方便，而且这时客户也在去往单位的路上，也许同样处于百无聊赖的状态中。这时可以通过微信、QQ 等即时通信工具闲聊，以便沟通感情。需要注意的是，如果说的是重要事情，到单位之后一定要再打电话确认，或者盯紧一点，否则很可能被客户忽略。

# 第四节　整合零散时间的瑞士奶酪法

"瑞士奶酪法"是由美国时间管理之父阿兰·拉金提出的，意思是在一个比较大的任务中使用"见缝插针"的方法，充分利用零碎时间，而不要消极等待整块时间的出现。之所以用瑞士奶酪来形容，我想很可能是因为瑞士奶酪疏松多孔的形状吧。

很多人不擅长利用零散时间，举个例子：A 完成一个简单的文案，大概需要 20 分钟时间，而离午饭时间只剩下 15 分钟，他觉得无法完成所以干脆就什么都不干，等着到点吃饭。也就是说，他在无意识状态下浪费了 15 分钟。

而善于进行时间管理的 B，则先利用 15 分钟完成构思，把思路记下来，然后去吃饭，回来之后再用 5 分钟写出完整文案。

两人的效率孰高孰低一目了然。

如果你只想等待整块时间的出现，就会失去很多零散时间。这也是"瑞士奶酪法"出现的原因。看见上图中瑞士奶酪的那些孔了吗？见缝插针，就能把你的零散时间充分利用起来。

"瑞士奶酪法"理解起来容易，但运用起来并不容易。我之前也像很多人一样，如果估算剩余时间不够完成任务，就会感到无所事事，不愿意行动。尽管我也清楚可以先做一点，但是从心里就会产生抵触，提不起一点积极性。

越是担心时间不够，就越是容易分心，总想着既然完不成，不如做点其他事，于是四处找事做，结果把时间都浪费在寻找的过程中。

面对这样的情况有两种解决方法。

① 继续任务，能做多少做多少——这种情况需要一定的毅力，即便心里不情愿，也要强打精神，能做多少是多少。

② 执行其他任务——其他任务是指在零散时间内可以被完成的任务。

为了更好地利用零散时间，最好是将"瑞士奶酪法"跟其他时间管理方法结合使用。比如你有 15 分钟的零散时间，如果采用第一种方法继续该任务，你可以进行任务分解，也就是在 15 分钟内设定一个目标。以前面提到的"写文案"为例，显然该任务需要 20 分钟，那么你可以分解目标：

第一步——构思目录——10 分钟；

第二步——寻找素材——5 分钟；

第三步——完成串联——5 分钟。

目标被分解之后，思路就会豁然开朗，而完成第一步只需要 10 分钟，你会很有信心地投入到构思目录的状态中。如果完成顺利，第二步寻找素材就会很容易，因为不用动脑子，在网上搜索即可。这时如果剩下的时间不足 10 分钟，你应该也不会浪费，而是去寻找所需资料。

这里需要注意，拆解目标的顺序很重要，如果调换顺序：

第一步——寻找素材——5分钟；

第二步——构思目录——10分钟；

第三步——完成串联——5分钟。

只是调换了第一步与第二步的顺序，那么效果就会完全不同。你会严格按照计划执行第一步，用时5分钟。那么只剩下10分钟，就会对你造成心理压力，而压力越大，思路就越出不来，很可能干琢磨10分钟而一无所获。

个人情绪在思考过程中扮演了很重要的角色。

如果采用第二种方法，即执行其他任务，则相对简单些。需要注意的是，执行什么任务是最大的问题，而且是能否完成的关键。

这时你最好拿出一天的计划表，且这项任务应该在上班途中完成。大部分人应该习惯于记录在APP上，迅速点开查找那些15分钟之内能够完成的计划，例如，收拾办公桌、整理邮箱、浏览新闻等。

选择最接近15分钟的一项任务，这样可以确保时间被最优利用。

之所以会有"瑞士奶酪法"，主要是由于人们的零散时间无法集中注意力，所以要结合其他时间管理方法，如通过设定番茄钟强行集中注意力。这里的番茄钟就没必要坚持25分钟原则，完全可以根据零散时间而定。通过番茄土豆APP设定之后，利用倒计时的嘀嗒声给自己增加紧迫感，只要是重复性工作，这么做都会提高效率。而需要动脑子的事情，则建议关闭滴答声，否则只会增加紧张感。

"瑞士奶酪法"的使用方式如下。

（1）嵌入式：当完成一项工作开始另一项工作时，中间势必会有一段空闲时间，而抛开休息的时间，由于每个人的效率高低不同，这段时间可能被耽搁 5 分钟，也可能被耽搁 30 分钟。嵌入式的方法就是将两项任务转换过程中的时间充分利用起来，例如在写完一篇稿子准备写下一篇的空当，可以寄个快递。

（2）并列式：在一个时间段里同时做两件或者多件事。例如，在等公交的时候给客户打电话。

（3）积累式：巧妙地化零为整，利用多个零碎时间完成一项任务。例如，你想搜集关于爱情主题的经典影片，就可以利用每项工作转换时的间隔时间，也可以利用饭后的休息时间，还可以利用下班前的空闲时间。将这些零散时间全部利用起来，也可以有效地完成任务。

## 第五节　网友的碎片化时间都在做什么

网络是各类时间管理大神游走的地方，在知乎这类网站就很容易找到这方面的专家或是看到非常有用的时间管理技巧。下面就是一些网友的独门秘籍，在此分享给大家。

### 网友：帽子鱼

因为我住公司附近，走路上下班，所以在路上的碎片化时间只能用来听听英文，或者背背单词。

如果是等电梯的话，我一般是看看微信，寻找一些对自己有用的资讯，然后发到印象笔记中，等有时间再通过 PC 端的印象笔记做整理。

### 网友：奋斗

我的碎片化时间是这么利用的，每周做好读书计划，找一本适合碎片化时间阅读的书。我坐公交车上下班，每天通勤时间总计 1 小时，上了车就看书，用 Kindle 或者看纸质书。利用碎片化时间，我已经读完了好几本书。

不想看书的时间，就用网易云阅读，比较常看的几个订阅：喷嚏图卦、知乎、虎嗅网。

同时结合手机 APP，之前用的是 Time Recording，现在用的是 Study Checker，记录分析每天到底有多少碎片化时间。

### 网友：浮沉断奏

我每周会做周回顾和周计划。利用空余的时间我会整理 DOIT 的收集箱，以及印象笔记里面多余的目录。

我的碎片化时间不多，通勤时间用来听英文，用"扇贝单词"这款 APP 来复习。

### 网友：重新定义

（1）洗漱时间听有声的"整点新闻"，吃早餐的时候看 ZAKER 和鲜果网。

（2）在班车上梳理一下当天的 to do list。

（3）中午休息的时候，一般桌上都准备一本书，或者直接去公司的阅览室，由于中午没有午睡习惯，所以每天至少能保证 2 小时的阅读时间。

(4)下班前会迅速思考下当天的日程,看是否需要回去加班,或有其他安排。

**网友:watson**

(1)等地铁:通过 rss 订阅信息到 Pokcet 软件,等地铁大概需要 3 分钟时间,我基本上可以看完 1~2 篇文章。

(2)吃饭排队:午饭和晚饭都在公司吃,排队的时候就会刷微博、微信朋友圈。

(3)手扶梯:乘坐扶梯的时候,我会浏览待办清单,看有没有需要买的东西。

(4)长时间坐车:周六日外出坐车的话,时间较长我就找一本电子书来看,一般都是在 Kindle 下载。

**网友:剑飞在思考**

### 1. 基本原则

处理碎片化时间的基本原则:整合!

这个原则的具体执行分为三个步骤。

① 认识碎片化时间。被碎片化的时间段有哪些?

② 分析原因。这些时间是如何被碎片化的?

③ 整合。如何最大化地整合碎片化时间?

### 2. 碎片化时间

尽管已最大化地整合信息,还是会出现碎片化的时间。

通勤时间分为三大块,分别利用大脑、手指和耳朵。

① 思考。
② 写作。
③ 音乐、听力、录音笔记。

以上是摘自网友的回答，略有修改，本节只分享，不做评论。读者可认真思考，找出适合自己的方法。

## 【APP实战】为每一段零散时间安排任务

为零散时间安排任务，可用的时间管理 APP 很多，根据个人喜好随意选择就行。我用的是一款名为 Any.do 的 APP，它被纽约时报推选为 2011 年十大 Android 应用程序，是一款非常直观、易于操作的 Android 待办事项应用程序。

Any.do 界面

免费创建账户,Facebook、Google 我都用不了,所以选的是第三项——邮箱注册。

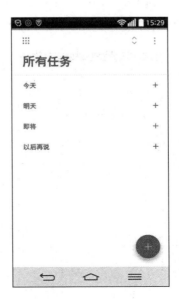

简单直观的操作界面，分为【今天】【明天】【即将】【以后再说】四项。点击【今天】右侧的 +，开始输入任务。

我设置的是"完成写作任务"。点开后可以看到还有子任务选项，我输入的是具体事项"为每一段零散时间安排任务"。

上面这一排是功能键。

第一个代表"子任务"。

第二个是"移动到",可以将项目细分为个人事务、杂货列表、工作项目。

第三个是提醒,可以记录提醒时间,但是要想启用阴影部分的功能需要付费。

第四个是备注"利用策划选题间隙写作"。完成这一节的写作任务,利用的正是零散时间,相对于写稿子来说,策划选题是很费脑子的一件事,所以我会利用策划选题的间隙时间写稿子,主要看灵感,写到哪是哪,利用几个间隙时间段累积,便可以完成一篇高质量的稿件。

第五个是共享与委派。

> Tips：需要注意的是，在任务下面有一个具体时间，如下图所示。
>
> **完成写作任务**
> 工作项目 | 16:15
>
> 此处 16:15 是截止时间，一旦到时就会发出提醒。

以上就是该款 APP 的基本流程，读者可以利用这款软件自行设计零散时间。一旦完成某项工作之后，就要养成习惯，点开 APP，快速设定任务与截止时间。这款软件的另一个特点就是任务可循环，如写作这件事，当我设定好之后，明天同一时间它还会提醒我。如果你每天的零散时间比较固定，该款 APP 一定能帮你节省不少时间。

## 【APP实战】记录零散时间的开销

你的零散时间都在做什么？花费了多长时间？这些数据都

是需要记录下来的，这样才能从整体上更好地把控。

记录时间的 APP 也有很多，在此介绍一款名为 aTimeLogger 的 APP。它可以用来记录每天的时间消耗，还可以用来统计每周各种活动的时间占比，从而将一周的时间流向都清晰地显示出来。

想理财就要先学会记账，同样想有效利用零散时间就要养成记录时间开销的习惯。除非你是手账控，否则手机 APP 永远是最便捷的选择。

记录时间的方式分为两种：全记录与部分记录。

全记录就是记录一整天的时间花销，面面俱到。

优点：全面

缺点：麻烦，费时

适合人群：时间管理初学者，不知道时间都去了哪儿的人

部分记录就是专注于某一件或者某几件事情，将主要事件详细记录，其他事件则可以忽略。在采用部分记录方法时，也可以结合二八法则。

优点：效率高

缺点：不够全面

适合人群：清楚全天时间花销，关注具体事件耗时的人

所以，大家应该养成记录时间的良好习惯。

每一项任务结束，切换新项目之间的空闲时段，要养成记录时间的习惯，这样才能有效记录并掌握所花费的时间。养成习惯除了靠毅力之外，关键在于简单化，形成身体记忆。

在切换任务的时候，不用动脑子，下意识地点开 APP 进行

记录。aTimeLogger 的界面就非常简单。

点击图标即开始计时，可以同时记录多项任务。操作非常简便，很容易帮大家养成习惯。

该软件分类已经囊括了大部分项目，我们还可以根据实际情况添加项目，如下图所示。

点击●按钮，会出现下图。

自己设定名称、颜色、图标即可，新添加的项目可以归到某一类别之中，如早饭、午餐、夜宵都可以归到"用餐"类别。

针对突发事件或者小概率事件，可以新建一个"其他"的类别，如下图所示。

需要注意的是，总体类别不能太多，否则容易乱；将平时最常用的类别放在前面，可以手动调整。这样很容易养成习惯，不用思考就知道该点击哪个图标，大大节省了时间。

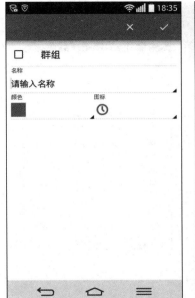

分类之后,就要具体记录零散时间的开销了。先利用备注将零散时间要进行的事项写下来,如下图所示。

"利用选题策划间歇期写作"作为【工作】的一个子项目,点击图标之后开始计时,这样就可以清楚地了解到该项任务花费了多少时间。

根据上述步骤进行统计,就可以很好地掌控零散时间,从而提高效率。

> Tips:需如果你不喜欢分组,可以把一个类型的活动设置成同样的颜色,不同类型之间的颜色设置差别大一些,最后看饼形图的时候就会更直观。

在 aTimeLogger 2 中还增加了分析时间的功能,以下是来自网络的截图。

aTimeLogger 1 只有柱状图，aTimeLogger 2 新增了饼图，通过图例的方式，零散时间做了什么、花了多少时间便一目了然。可视化数据总是可以给你带来更强烈的视觉感受。

查看历史记录，可按照日、周、月查看，从而能很直观地了解到每天各项任务的用时比例，方便对零散时间的掌控。

按照以上步骤分析之后，每天的零散时间耗费在哪里便很清楚了。这样就可以有的放矢，改变那些低效行为，利用"瑞士奶酪法"见缝插针，剔除零散时间的无效行为，重新安排任务，把自己的零散时间充分、高效地利用起来。

# 第三章 你在太多地方浪费了时间

Chapter 3

## 第一节 你的人生还剩下多少时间

2015年5月14日,世界卫生组织发布了2015年版《世界卫生统计》报告。报告指出,从总体上看,全世界人口的寿命都较以往有所增加。中国在此次报告中的人口平均寿命为:男性74岁,女性77岁。

当你看到这本书的时候,可能已经是2017年了,我们姑且将人均寿命按照78岁计算。那么在78年的漫漫人生路中,属于你自己的时间到底有多少呢?我们来计算一下。

1/3的时间在睡觉,那么26年过去了,你还剩52年。

23岁工作,65岁退休,43年的工作时间,花费在上班路上的平均时间就算每天2小时,一年工作日250天,也就是21 500小时,约等于2.45年。

除去通勤时间,你还剩不到50年,其他零散时间无法统计,洗漱、玩手机、上厕所、闲逛……就算每天1小时,实际上大部分人都要超过这个数字,50年一共要花费18 250小时,大概2年的时间。

你还剩48年。

再往下算你会哭的,你被各种琐事占据了太多时间。

根据10 000小时定律,以每天工作10小时为标准,一年250个工作日,也就是2 500小时。这就意味着你需要4年的时间才能达到精进的水平。

你还剩48年,拼命工作每4年可以达到10 000小时,假设每一次晋升一级,那么你还剩下12次机会。

普通员工4年—精英员工4年—部门主管4年—部门经理4年—公司高管4年—公司副总4年—总经理4年—创业4年—年入50万元4年—年入100万元4年—年入200万元4年—年入300万元……

按部就班,顺风顺水,而且要以一个工作狂的姿态奋斗,那么在退休之前才有可能达到300万元的高度。况且很少有人可以一路顺风顺水,所以是否能够完成预期还不好说。

如果你的目标是追上马云、王健林，或是成为中国首富，显然是在痴人说梦。因为按照上述进度，成为行业领军人物都不可能。

在互联网发展风生水起的今天，300万元的目标对于有志之士来说显然有些看不起人了。如果你真的想做一番事业，那么按照上述发展进度显然是不行的，虽然已经比很多人效率高，但是依旧无法成为精英。

高效能人士的1小时，是普通人的2小时、3小时、4小时，甚至更多。你渴望成功，就要意识到时间紧迫，而且目前的效率是不可接受的。

也许上面的算法并不科学，也许我想得太夸张了，但实际情况是，普通人还会在更多的地方浪费时间，也就是说他们所剩的时间可能根本没有48年。

这项人生计划是从23岁工作开始的，你今年多大？还剩下多少时间？还有多少梦想没有实现？

有人说人生最怕计算，不如得过且过，把时间浪费在美好的事情上。这也是一种人生态度，却不符合高效能人士的价值观。

如果你在一线城市，三十几岁依然一事无成，没房没车没老婆，压力可想而知。再这样混几年，你一定会后悔的。

"未来还长"，只是一句自我安慰的话。当身边的竞争者在拼命奔跑的时候，你却在慢慢溜达，最后肯定会输得很惨。

很多在大城市打工的人，有些会觉得当地人懒惰，可是人家有房！而且还好几套！一套两三百万的房子，是很多人不吃不喝一辈子都无法实现的梦想。

我想说的是，没有伞的孩子，更需要努力奔跑。你一无所有，所以必须比别人更拼。而且最关键的是，还要拼得有方法、有效率。

送给至今仍一无所有的孩子：你们的时间真的不多了！同样的时间内，你需要创造出几倍于对手的价值，才能在终点时赶上并超越他们。

每一天，你浪费了多少时间？找出它们，填满它们，让高效从今天开始。

## 第二节 抓住偷走你时间的"贼"

谁偷走了你的时间？或者说是什么偷走了你的时间？低效能人士的时间总会被浪费在各种各样的事情上，而且自己毫无意识，这是最可怕的。

"贼"就在你身边，你却浑然不知。

"时间窃贼"是最可恶的，它不仅偷走了当下，还偷走了未来。

下面，先让我们找出身边的"时间窃贼"：

反复检查收件箱是否有新邮件；

每隔几分钟刷一次微博、微信朋友圈；

被各种短视频吸引；

白日梦、担忧未来、怀念过去；

每天都要看两三集电视剧；

被各种即时通信软件打扰；

到处结识各类网友；

使用速度极慢的电子设备；

被堵在上下班的路上；

经常被各种推销员耽误时间；

……

低效能人士的时间总是会被各种"时间窃贼"偷走，导致工作效率低下。其实，他们身上普遍存在着一些坏习惯。

（1）拖延症。

低效能人士大部分都患有不同程度的拖延症，且已经形成习惯而不自知。

（2）不会休息。

作息时间不规律，该睡觉时没困意，该工作时哈欠连连，影响状态。

（3）不会分类。

每天被大量信息包围，因为不会分类浪费了很多时间。

（4）无法专注。

专注力差，很难长时间专注于某件事。

（5）追求完美。

越是效率低的人越喜欢追求完美，导致最终因小失大。

（6）不懂区分工作重要性。

想起什么做什么，最终花了大把时间却只是做了次要任务。

（7）工作没计划。

没有做工作计划的习惯，条理性很差。

（8）不记录时间。

没有记录时间的习惯，不知道时间都花在哪儿了。

（9）不懂授权。

凡事亲力亲为，不懂授权结果累死自己。

（10）议而不决。

每天开会不少，就是不做决定，总习惯往后拖，30分钟的会拖到3个小时，最终还是没有结果。

（11）管而不理。

只管事不理事，例如公司每天都有人迟到，管理者次次都要管，却不着手解决制度问题。那么，每一次其实都是在浪费时间。

这个世界上，什么人对待时间最吝啬？我觉得应该是商人，因为他们的每一秒都跟金钱紧密联系在一起。

在商人中，硅谷的创业者应该算是首屈一指的时间吝啬鬼，因为他们的时间太宝贵了。在硅谷的人，只要跑出去见客户，就会遇到"机会"，也就意味着可能会得到上亿美元的投资。然而实际情况却是，这些有经验的投资人最怕的就是无效社交，因为他们见过了太多人，且大部分会面都是徒劳无功的。

在任何领域都是这样，无效社交会浪费掉很多时间。我也曾疯狂地跑过客户，但是一圈下来，才发现80%的业务都来自20%的客户，而我却把大部分精力都浪费在80%的无效客户身上。

每天都去见很多人，见人就有机会。这话不假，但是要想成为高效能人士，就需要学会分辨，即能够找出身边偷走你时间的贼，并做出改变。

现在你已发现并抓住了"时间窃贼"，接下来就是做出改变的时候了。

1. 我们该怎样度过一天？

低效能人士的一天　　高效能人士的一天

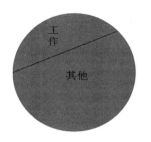 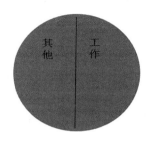

左图是低效能人士的一天，他们真正有效率的工作时间实际上是很少的；右图是高效能人士的一天，他们至少有一半的时间投入高效工作之中。

2. 根据状态自行调整

一旦进入工作状态，效率就会是不在状态时的好几倍。所以如果不是非常紧急的事，索性休息什么也不干，等有状态了再做。在没状态的时候工作，不仅效率低下，而且还会影响工作质量。

### 3. 多任务处理要考虑自身能力

多任务处理是一种能力,也并不是说高效能人士就一定可以同时做好几件事,其实大部分人都做不到。高效能人士往往更专注于只做一件事,做完一件事再做另一件事;相反,低效能人士往往更喜欢逞能,结果一件事也没完成好,浪费了宝贵的时间。

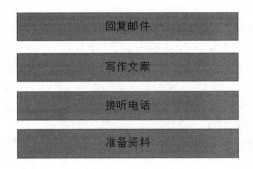

### 4. 完成才更重要

越是效率低的人,越喜欢追求完美。实际上他们并没有意识到,追求完美会浪费太多时间,导致最终完不成任务。所以,请记住 Facebook 公司的这条箴言:比完美更重要的是完成。

### 5. 长时间工作不代表效率高

实际上，越是效率低的人工作时间越长。

我认识一个前台的小姑娘，她每天都很忙，尤其到了下班的时间最忙，每天都是除了老板之外最晚下班的，几年下来却从没涨过工资。我问他们老板是不是太狠了，老板只回答了三个字："效率低。"

### 6. 总有一件事最重要

高效能人士并不比其他人时间多，而是会把时间放在最重要的事情上，所以效率更高。每个人的时间都是有限的，让我们去做最重要的事情吧！

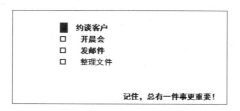

### 7. 记录时间开销

记录时间：aTimeLogger。

高效能人士都有记录时间的习惯，他们很清楚自己的时间都花在哪里了。通过分类、统计、分析，逐步改善，提升效率。

aTimeLogger

### 8. 利用时间碎片

高效能人士是绝不会浪费碎片化时间的，他们会通过记录时间开销为碎片化时间分配最合理的任务。这样既能够达到休息的目的，同时也能够完成相应的工作任务。

睡眠　交通　用餐　运动

阅读　工作　购物　娱乐

家务　电影　步行　学习

### 9. 80/20 法则

80/20 法则适用于很多领域，高效能人士都很清楚这一点，所以会将 80% 的时间投入到 20% 的关键任务中；同时，他们会在头脑最清醒的时段，以 20% 的投入换取 80% 的效率。

## 第三节 无意识状态下损耗的隐形时间

无意识状态下浪费的时间能有多少？对于低效能人士来说，数据可能会高得惊人。这部分时间之所以被称为隐形时间，就是因为不易察觉。善于管理时间的人，往往会采用 aTimeLogger 这类软件记录时间开销，毕竟无意识状态下损耗的隐形时间，即便是高效能人士也很难察觉。

那么，被浪费掉的隐形时间都有哪些呢？

早上赖在床上，琢磨今天到底穿什么，20 分钟过去了，你还没有开始洗漱，因为想不出理想的搭配。

死等一辆可以直达目的地的公交车，结果等了 20 分钟也没来车。

为了省钱坐公交结果堵在路上。

在淘宝买衣服选了两个小时始终没想好买哪件。

上网找资料结果被各种新闻所吸引。

……

不难看出，无意识状态下损耗的时间很多，而且不知道时间到底浪费在哪里了。爱美的人每天都想着如何搭配衣服，势必会占据一部分时间；而那些超级富豪却很少在这方面费脑子，你看乔布斯、扎克伯格，永远穿着最朴素的衣服。很多高管每天都是职业装，也不用为穿什么而费心。

再看那些商务人士，即便交通方便，路途很近，也会选择最快捷的方式，因为他们花钱买的是时间。

管理者的效率永远要高于员工，因为他们懂得授权，将业务外包，自己则负责更重要的任务。

这些高效能人士也是在无意识中做出的选择，只不过他们养成了高效的习惯，不会为这些琐事而浪费时间。

无意识状态下损耗的时间是无法察觉的，所以高效能人士会选择使用 APP 记录时间花销。只有统计出无意识状态下时间都花在哪里了，才能改变自己的行为习惯，从而提高效率。

为了了解隐形时间都浪费在哪里，需要先制作出一天的工作表，可以采用手机版 Excel 或 Word。为了简化操作，我直接用 Word 做了一个简单的表格。

下表是一位互联网公司运营人员一天的时间花费。

| 时间段 | 工作日的时间安排 |
| --- | --- |
| 7:00—9:00 | 7:00起床，洗漱化妆穿衣搭配完毕已经8:00了，挤地铁上班1小时，9:00到公司 |
| 9:00—12:00 | 开始工作 |
| 12:00—13:30 | 吃午饭，之后休息30分钟，14:00开始下午的工作 |
| 13:30—20:00 | 处理下午的工作任务 |
| 20:00—22:00 | 下班回家，路途1小时，21:00到家做晚饭，做家务 |
| 22:00—24:00 | 休息一会儿，玩玩手机，睡觉 |

再普通不过的一日工作安排表，看似工作占据了大部分时间，实则不然。这是一位工作了3年的普通运营人员，在这3年中，她没有得到晋升，只是涨了一些薪水。她每天早上9:00到单位，晚上8:00下班，工作12个小时，这么拼还是基层员工？

基于以上分析，可以断定她的工作效率肯定不高，所以我建议她通过aTimeLogger记录时间开销，找出时间浪费在了哪里。

再来看一个详细的表格。

| 时间段 | 无意识状态下浪费的隐形时间 |
| --- | --- |
| 7:00—7:30<br>浪费30分钟 | 7:00闹钟响了之后并没有马上起床，而是在床上躺着"醒盹"。所谓的"醒盹"实际上是在想今天该穿什么，直到7:30第二遍闹铃响起才起床 |
| 7:30—8:00<br>浪费20分钟 | 洗漱很快完成，只化了一个简妆，总共用时不到10分钟，另外20分钟则浪费在试衣服上，纠结于如何搭配 |
| 9:00—10:00<br>浪费60分钟 | 9:00到公司之后，并没有马上进入工作状态，而是闲聊、泡一杯咖啡、看一遍新闻，不知不觉中1小时过去了，10:00才开始正式工作 |
| 12:00—13:30<br>浪费60分钟 | 她吃饭很快，30分钟就吃完了，之后不睡觉而是看美剧 |
| 13:30—15:00<br>浪费15分钟 | 开始下午的工作，有些犯困，趴在桌子上打盹用了15分钟，之后开始工作 |
| 15:00—18:00<br>浪费30分钟 | 领导催着要昨天的文案，只写了一半，开始心急火燎地赶进度，结果越是着急越没有思路，耽误了30分钟才进入状态 |
| 20:00—22:00<br>浪费20分钟 | 实际上晚上7:00就可以下班了，只不过没有完成工作需要加班。终于完成了，晚上8:00准备下班，这时看到了一款弹窗广告，点开又逛了一圈淘宝，耗费了20分钟，到家已经晚上10:00了 |
| 总计235分钟 | 无意识状态下总计浪费了235分钟，合计3.9个小时 |

3.9 个小时！这就是普通人一天在无意识状态下浪费掉的时间。如果没有记录时间开销的习惯，这些隐形时间就很难被发现。

高效能人士会有意识地使用一些记录时间开销的 APP 软件，从而养成习惯。通过一段时间的记录，他们会进行总结，分析出在什么情况、什么地方浪费的时间比较多。

数据分析出来之后，用下面这个公式计算一下个人效率比。

$$效率比 = 真正工作的时间 \div 上班时间$$

看到最终数据之后，你一定会想办法解决效率低下的问题。具体可以从以下几方面尝试。

### 1. 减少工作时间

当然，这种方法取决于你的工作性质。如果你的工作以业绩为衡量标准的话，那么可以采用这种方法。减少工作时间，工作任务并没有减少，这样就会形成压力，迫使自己提高效率。

### 2. 状态好的时候延长工作时间

当你状态不错的时候，可以自行延长工作时间。即使马上要下班了，你也不用急着走，而应让高效的工作状态延续下去。

### 3. 养成记录时间开销的习惯

只有养成记录时间开销的习惯，才能有效掌控、分析时间走向，也才能知道时间都浪费在哪里了，从而不断做出调整。

## 第四节 你的时间真的那么不值钱吗

如果你是个工作效率很差,不善于管理时间的人,那么你的时间很可能不值钱。谁的时间最值钱?一定是那些成功者。越是成功的商业精英,工作效率越高,时间也就越值钱。

下图是马云在"双十一"当天所赚的钱。

1 207亿人民币!

这是2016年双十一的销售额,这1 207亿人民币里面,马云赚了多少已经不重要了,那只是一个数字而已。可见,这些商业精英的时间真的很值钱。

那么你的时间值多少钱呢?如果你是一位月薪5 000元的普通员工,每月工作22天,每天工作8小时,那么每天收入227元,每小时的收入为28元!

真是人比人气死人,这差距也太大了吧!

松山真一是日本航空运行技术部性能组组长，同样的工作时间内，他的效率就高得惊人。松山真一每天 6:00 起床，因为通勤时间较长，大概需要 1 小时 50 分钟，而这段时间被他用来读书。

松山真一说道："这段时间，没有上班的人潮，没有琐事，没有电话，也不可能站起身来去随意倒杯水喝，真像课堂一般清静哦。"

所以，松山真一每天的通勤时间大概是 3 小时 40 分钟，完全可以读完一本书并写出书评。因为见解独到，他的书评被大量转载，目前已经有超过 10 万的粉丝。

8:00 到公司后，远没到上班时间，在清净的办公室，松山真一便开始梳理一天的事项并作出规划。

9:00 开始工作，当其他同事匆匆赶到的时候，松山真一已经进入了高效的工作状态。

我并不建议住的地方离工作单位过远，日本的国情、文化我不清楚，但无论在哪里，离工作单位越近效率肯定会越高。然而正如之前讲到的，每个人都有一段拼搏的时光，现阶段住得远没关系，但一定不能浪费这段通勤时间。

就看电影这件事来说，身边的人有两种观点，薪水高的人会选择离家近的影院，因为路程短，用的时间也少，看完电影还可以做其他事；薪水低的朋友则是哪家影院特价就去哪，不会考虑路程远近。

实际上我算过一笔账，假设朝阳大悦城的票价是 79 元，来回打车的费用 30 元，实际上只有一站地，坐地铁一共需要 6 元，溜达过去则不花钱。最高消费109元，路途耗时10分钟。

小影城有时候票价相对便宜，假设同一部电影票价50元，低薪一族会选择坐公交去，来回费用4元，总计54元。但是算上等车、换乘的时间，却需要花费至少40分钟。而且，很可能需要在外用餐，那么花销反而超过了前者。

两者无形之间相差30分钟，后者省了多少钱呢？109元−54元=55元。1小时就是110元，对于低薪族来说，假设税后月薪5 000元，那么以每月22天工作日计算，每天工作8个小时，平均1小时28元。

因为挣得少，所以才会处处节省，而如果能够省出55元，对他们来说确实很划算。毕竟他们的时间不值钱，富余出来的时间也会用在其他娱乐项目上。

但是高薪族则不是这样想问题的，例如，我有一个做IT工程师的朋友，看电影从来都是选择路途最近的，因为工作确实很忙。他税后月薪3万元，以每月22天工作日计算，每天工作8个小时，平均1小时170元。他绝不会为了节省55元而浪费30分钟，因为换算下来他的30分钟价值85元。

这个例子可能不太恰当，但我想表达的是，如果你想成为高效能人士，就要看得起自己，尊重自己的时间。如果你目前是低薪族，那么就要把省出来的时间用来学习、工作、进步。如果你只是模仿高效能人士节省时间，却把省出来的时间浪费到其他娱乐项目上，那是没有意义的。

穷人的时间真的不值钱吗？

恐怕的确是这样。但如果你从心里觉得自己是一个"屌丝"，那就没有逆袭的可能。当然你的时间也可以变得价值连城，只不过需要你付出努力，一步步成为高效能人士。

当你从心里认同时间价值之后，才会有意识地珍惜时间，到时即便囊中羞涩，也会在时间与金钱之间选择前者，即宁愿多花钱而节省时间，因为你有事可做。

## 第五节　你有必要打那么久的电话吗

在日常生活中仔细观察就会发现，越是低效能的人，讲电话的时间越久。鸡毛蒜皮的事，他们可以说上1个小时。试问，真的有必要打那么久的电话？

有人说是为了沟通感情，那么通过废话沟通感情真的有效吗？

本节要讲的就是如何高效地打电话，避免把时间浪费在"煲电话粥"上！

实际上，大部分电话几分钟之内就能完成，只要把要点总结出来，对方的理解能力又处于正常水平，1分钟也够了。

如今网络这么发达,各种即时沟通软件使用频繁,电话已经不那么重要了。很多人觉得在网上说不明白,非要通过电话来解决。实际上根据我的经验,如果讲话人表达能力不强,或者说听话人理解能力较差,都会导致打电话的效率降低,反而不如用文字表达好。

举个例子,一位出版社的编辑跟作者约稿,说了一堆业内术语,作者没有在出版社做过编辑,所以很多都听不懂,编辑只好一一解释,1分钟的电话变为了10分钟。如果这位编辑选择用文字表达,即使可能会多花费几分钟打字时间,但是作者看得比较清楚,不懂的地方还可以上百度搜索,效率肯定会更高。

我经常找作者约稿,有时候则会在群里公布选题,这样一来就会有很多作者咨询。如果是打电话沟通,就会向每个作者重复一遍。而在群里发布具体信息,一目了然,省时省力。

高效打电话也是有技巧的。

### 1. 提前想好通话内容

即使你反应再快,也需要几秒理清思路。所以为了提高效率,打电话之前务必想好要说什么。如果内容较多,则做好备忘录。

### 2. 先说明自己是谁

不要想当然地认为对方一定能听出你是谁,也可能他的电话刚刚刷机找不到联系人了。总之,电话接通你应先说"我是×××",直接明了。

### 3. 简明扼要说重点

想好此次通话的核心内容，只需强调重点，最好加上序号。比如很多老板给我打电话的时候，都习惯这样说："三件事，第一，第二，第三。"一句废话也没有，我就回一句"好"，沟通完毕，通常连 1 分钟也用不了。

### 4. 讲话有条理

讲话要有逻辑性，不能想到什么就说什么，讲话内容要有顺序。

### 5. 考虑双方情况

打电话之前不仅要考虑自己的情况，还要考虑对方的立场，这样才会有针对性地提问或回答。

按照上述技巧，完全可以将讲电话的时间控制在几分钟之内。如今，有些公司主管甚至明确规定，员工讲电话的时间不许超过 1 分钟。

效率都是逼出来的。其实很多人讲电话的内容 50% 以上都是废话，如果硬性规定通话时长，那么员工自己就会琢磨如何能在短时间内结束通话。

时间一久，很多员工发现这样做效率更高了，最明显的改变是可以提前下班了。以前晚上 9:00 多才能下班，现在 8:00 就能走人了。这样，就算你想多聊一会也没人搭理你了。

除了上述技巧之外，我个人最喜欢采用的则是通过网络沟通来减少电话沟通的时间。例如，很多作者会打电话给我问很多事，因为大部分作者来自各行各业，在出版领域都是外行，要想给他们讲明白很费时间，所以我都会找他们要邮箱，把平时总结的内容做成文档，先让他们看明白，然后通过电话简单说一下，这样效果最好。

先发邮件，再打电话，加起来用不了 5 分钟。而如果像之前那样沟通，很可能 1 小时都讲不明白。

所以在我看来，最有效的沟通方式就是文字 + 电话，文字的形式更容易被理解消化，电话则会起到巩固的作用，从而可以最大限度地避免浪费时间。

## 第六节　利用番茄钟专注于工作

很多时候我们以为自己在努力工作，实际上却是在浪费时间。为什么这么说呢？因为每天真正专注于工作的时间非常短，甚至不到 20%。大部分时间都被我们浪费掉了，毕竟让人分心的事情实在太多：

微信朋友圈：越来越多的人离不开朋友圈，2 分钟刷一次，已经成瘾；

邮件强迫症：上班族每小时平均查看邮箱 30~40 次；

网络闲逛症：50% 的上班族每天都会浏览与工作无关的网页；

无效的会议：80% 以上的会议都存在无效内容，时间过长；

冗余的社交：几乎 90% 以上的人都会因为闲聊而分心；

多任务处理：同时处理几个任务会导致效率下降 40%，压力增大，智商下降。

由此可见，时间都是在这样无意识的状态下被浪费掉的。

1991年，巴菲特和比尔·盖茨曾被同时问到一个问题：你的一生中最宝贵的是什么能力？

他们给出了相同的答案："Focus（专注）。"

专注决定了一个人的工作效率，决定了一个人是否能够成为高效能人士。

数据显示，在工作中，平均每3分钟就会被打扰一次，而重新返回工作的成本巨大——平均需要花23分钟。也就是说，1小时之内，实际工作时间只有20分钟。假设一天工作8小时，那么被浪费掉的时间就有320分钟，合计5.3小时。实际上，一天高效的工作时间只有2.7小时。

老板看到这个数据可能要抓狂了，给这么高的工资，实际上才干了2.7小时的活儿。这就不难理解，为什么很多公司会无休止地要求员工加班了。

番茄工作法是很有效的时间管理方法。在我看来，它可以很有效地避免分心，保持专注度。相信大家一定很熟悉这个方法，下面简单说一下番茄工作法的流程与原则：

（1）将一天需要完成的任务写在手账上；

（2）将番茄钟时间设定为25分钟，可选用闹钟、手机闹铃APP、iWatch、iPad等，为了更加形象化，我买了一个番茄闹钟；

（3）开始执行任务，直到25分钟后第一个番茄钟到时；

（4）如果任务完成，在该项任务后画√；如果任务未完成，在该项任务后画×；

（5）休息 3~5 分钟，抓紧时间进行放松调整；

（6）开始第二个番茄钟，继续该任务，一直循环下去，直到任务完成，并在列表里将其划掉；

（7）每四个番茄钟后，休息 25 分钟。为了让大脑保持高效运转，充分的休息时间很重要。

> Tips：在番茄钟进行过程中，对于突发事件的处理办法如下。
> ① 紧急事件，结束番茄钟并宣告失效，即便快要完成也不必可惜，立刻处理紧急事件，之后再重新开始一个番茄钟。
> ② 非紧急情况，在列表里该项任务后面标记一个逗号（表示打扰），并将这件事记在另一个列表里，命名为"突发事件"，然后接着完成这个番茄钟。

**番茄工作法原则**

番茄钟不可分割，25 分钟为固定时间，不存在半个番茄钟的说法。当然也会有例外，比如有些人注意力只能集中 15 分钟，那么就可以根据自己的情况进行调整。

一个番茄时间内一旦处理与任务无关的事情，则宣告该番茄钟作废。

番茄工作法只适用于工作。

番茄数据不适合做横向比较，毕竟每个人的效率不同，比较只会影响情绪，进而降低效率。

番茄钟的数量与任务最终成败没有直接关系。

制定适合自己的作息时间表。

接下来讲一个案例，即如何利用番茄钟避免分心。

我在做选题策划的时候，就会用到番茄钟。因为平时要跟很多作者、编辑联系，QQ几乎每隔几分钟就会响一次，极不利于思路的延续。于是我就想到了设置番茄钟，即25分钟之内只专注于选题策划，而不去处理其他任何消息（电话除外）。

25分钟之后再去回复邮件、QQ、微信，因为时间不长，所以不会有任何影响。做编辑很多时候难以及时回复作者，这点大家都理解，客户也都明白。

番茄钟之所以很有效果，就在于它规定一次只做一件事，从而避免了被其他事情干扰。通常我会选择脑子最清醒的时间段设置番茄钟，在25分钟之内能够保持很高的专注度与效率。有时候思路出来刚好赶上25分钟到时，我也不会选择休息，而是继续第二个番茄钟。因为我很清楚，目前正在状态，停下来很可能思路就没了。这种情况我会连续设置几个番茄钟，直到任务完成。

除了番茄钟之外，还有几个保持专注的小技巧。

## 1. 记录分心因素的时间开销

利用时间开销记录APP，把容易分心的事件记录下来，并统计在各项分心因素上所花费的时间，从而做出改变。

### 2. 分解目标，逐项完成

将重要目标分解为若干项，然后逐项完成。每完成一项就顺手划掉，这样做更容易获得满足感，继而提高兴趣继续完成接下来的目标。如果目标太大或过于复杂，很容易因为困难造成分心。

### 3. 学会拒绝

很多时候导致我们分心的不是自己，而是他人。别人的邀约、求助、闲聊都容易造成我们注意力分散的情况，这时就要学会拒绝。

### 4. 适当放松，预留出走神时间

谁也不可能一直保持高效专注，因而要学会自我放松，留出一定的走神时间。这就是25分钟的番茄钟结束之后，都要设定5~10分钟休息时间的原因。

## 第七节　别把时间浪费在邮件上

普通公司白领已经认识到时间管理的重要性，因而不会将时间浪费在刷微博、微信朋友圈方面，但是他们每天都很忙，工作时间甚至超过10小时。造成这种状况的原因就是他们的工作效率不高。

这些人工作效率低，主要是工作方法出了问题。其中大部分人不擅长邮件管理，而将时间都浪费在频繁查看邮件上。

实际上，不仅是普通员工，很多管理者同样存在这些问题。研究显示，科技类企业的 CEO 平均每天工作 14 小时，一年算下来就是 4 200 小时。这些工作狂的惊人数据实际上并没有转化成相应的高效率，他们 60% 以上的时间都用在了处理邮件跟开会上，而其中大部分工作都是无效的。

随着你的公司在业内越来越出名，很多希望合作的人会慕名而来，通过 LinkedIn、微信、电子邮件向你发出邀约，希望扩展人脉。你每天接到的邀约邮件就有无数封，如果每一封都查看、回复，势必会占据很多时间；如果再去赴约，那么耗费的时间精力就无法估量了。

对此我的建议是，除非发来邀约邮件的是你刚好需要的公司，这种情况的可能性很低，而根据一封邀约邮件谈成合作的可能性更低，几乎可以忽略不计。所以，直接设置为拒绝邮件模板即可。

"你好，很高兴收到你的邀约邮件，由于近期公司业绩开始好转，工作繁忙，压力倍增，实在抽不出时间赴约，相信以后一定有机会合作。"

很多人由于经常收到此类邮件，往往选择不回复。在我看来，这也不是明智之举，略有失礼之嫌。虽然发邮件的人也会很明白，但最好还是选择回复对方，毕竟日后也许会有合作的地方。

如果为了表示敬意，还可以在开头加上对方的名字，例如

"你好，肖总，×××"。需要注意的是，结尾不要用客套话，"如果有其他需要，欢迎随时联系"。如果你遇到的是推销人员，那么很可能会接二连三地收到类似邮件。

这只是邮件管理的方式之一，还有很多技巧需要学习。

### 1. 设定查看邮件的专属时间

如果你每天都会收到大量邮件，最节省时间精力的方法就是设置专属查看时间；否则，频繁查看邮件至少会浪费30~60分钟。

一般情况下，每天查看3次邮件就足够了。我的时间安排是：

上班路上；

午饭后；

下班前。

充分利用上班路上这段零散时间，通过QQ邮箱手机客户端，可以很方便地查看前一天下班之后发来的电子邮件，根据重要程度决定是否回复，重要邮件将在到公司之后进行跟进。

午饭后同样是一段零散时间，而且这段时间很容易犯困，所以我用来处理邮件，毕竟不需要太费脑子。

下班前再检查一遍邮箱，看看有没有遗漏事项需要处理，反正从来没有按时下过班，这段时间处理邮件比较合适。

其实大部分人每天根本收不到那么多邮件，所以可以根据自己的实际情况安排查阅次数，有时候一两次就足够了。

## 2. 中了邮件成瘾的毒

行为经济学家丹·艾瑞里认为,电子邮件成瘾与心理学家B.F.斯金纳的"强化理论"有关。斯金纳曾经做过一个实验:一组老鼠通过压杠杆达到一定次数后就会得到奖励,固定不变;而另一组老鼠何时会得到奖励无法预期,是随机的。相互比较后发现,随机奖励那一组的激励作用更强,因为一旦停止奖励,第一组老鼠马上会停止压杠杆,第二组则会继续压很长一段时间。

和赌博一样,查看邮件也会上瘾。人们从赌博中渴望得到奖励,邮件成瘾者则希望随时获得新的信息,两者都会让人感到兴奋。可以说,各种手机 APP 的推送功能,利用的都是这种心理机制。

人们倾向于获取短期兴奋,而忽视相应的负面结果。这是人性的弱点之一,也是那么多人购买彩票的原因。他们渴望一夜暴富,无论希望多么渺茫,都会每期必买。这种习惯持续久了,就会成瘾。

我见过一些喜欢频繁查看邮件的员工,他们会设置邮件提醒,即每收到一封邮件就会立即查看。这样下来,一天会浪费很多时间在查看、回复邮件上。而且当他们每看完一封邮件时,至少要花费 5 分钟的时间才能重新进入工作状态。

在这样的工作状态下不断切换,工作效率能有多高?无一例外,我说的这些员工都在从事最基层的工作。

显然,这些人都是中了"邮件成瘾毒"。面对这种情况,我的解决方法是"眼不见心不烦",即屏蔽邮件提醒功能,删除桌面邮件图标。对于重症患者,还可以直接卸载手机 APP,类似

Foxmail 这种邮件接收程序，只能通过网页登录查看邮件，这样就会在很大程度上减轻"症状"。

### 3. 按重要性与紧急程度划分

紧急邮件我都会立刻处理，而其他邮件会根据紧急程度进行划分。我会建立一个"重要文件"的文件夹，将那些待处理的文件存进去，然后利用工作间歇的零散时间集中处理。当然，对于特别紧急的邮件，我会直接打电话，毕竟邮件的设计是为了非紧急沟通使用的。

另外，我在发送邮件时，如果是紧急邮件，就会设置"邮件优先级"。这并不是意味着紧急邮件就会比普通邮件更快到达对方邮箱，而是对方在打开收件箱时邮件前面会标记"紧急"图标。我也这样要求我的员工，对重要邮件标注优先级，这样我就会知道要先看哪一封了。

### 4. 快捷功能与制定规则

善于运用邮件的快捷使用功能，能够有效提高工作效率，大大节省时间。例如，Gmail 就有一项功能，在发送邮件之后，立即将邮件归档。Gmail 还有其他快捷功能，十分方便，虽然现在很多用户使用不了，但是其他软件也有类似功能，很容易学会。有些人觉得麻烦不愿意花时间去记这些功能，实际上当你运用自如之后，就会节省更多的时间。

除了快捷功能之外，很多软件还可以设置规则。例如，通过 QQ 邮箱设置收信规则。

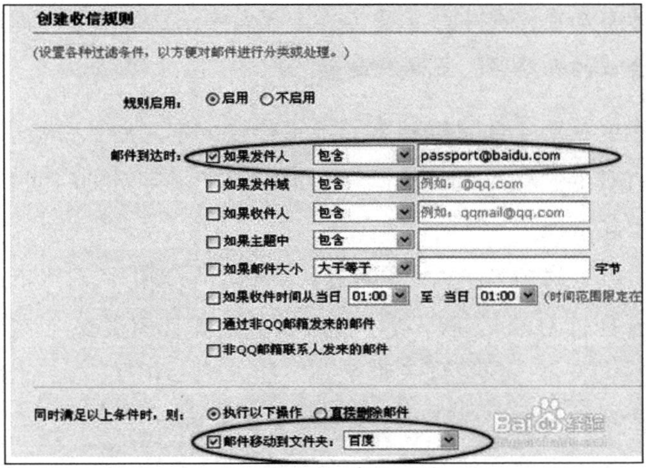

如上图所示,如果是百度发送的邮件,都会移动到名为"百度"的文件夹。这样你就可以很容易地将重要文件归纳整理,从而节省出很多时间。

## 第八节 大部分会议都是无效的

众所周知,开会是所有管理者的必修课。随着提高会议效率的呼声越来越高,很多公司已开始有所行动。

日本太阳公司为提高会议效率,实行开会分析成本制度,为的就是提醒大家要提高效率。

会议成本=每小时平均工资的3倍×2×开会人数×会议时间(小时)。

公式中平均工资乘3,是因为劳动产值高于平均工资;乘2

是因为参加会议要中断正常工作，损失要以 2 倍计算。因此说，参加会议的人越多，成本就越高。

无论是员工还是管理者，计算会议成本之后，都会有一个非常直观的感受，就是自己在无形中浪费了宝贵的时间，所以也会引起重视。

无效会议是另一大时间杀手。与邮件管理的针对人群不同，会议管理针对的是管理者。管理者显然要比普通员工效率高，但并不代表每一位管理者都是高效能人士；相反，大部分管理者都在冗长乏味的会议中浪费着太多的时间。

这些人虽然在担任管理者的职务，拿着管理者的薪水，却跟普通员工一样，在浪费着时间。

普通员工更是受害者，他们没有选择的权利，领导要开会，无论多么乏味无意义，都只能硬着头皮听。

当然，这并不是说开会没有意义；相反，定期举行会议是非常有必要的，浪费时间的只是那些无效会议。

由国际知名管理咨询公司 Bain & Company 发起的一项针对美国 17 家大型公司的调查显示，雇员工作时间的 15% 用在开会上，高层管理者每周用在开会上的时间平均为 2 天。如此众多的会议大部分都是无效的，而且与会者不可能把精力全身心投入到会议之中，其中 20% 的人平均每半小时至少会发送 3 封电子邮件。这并不能责怪员工，因为会议发起者甚至没有明确的目的，只是为了开会而开会。

无效会议已经被越来越多的高效能人士注意到。尤其是企业所有人，他们意识到无效的会议就是浪费金钱，并着手解决。

霍尔姆斯是加拿大温哥华一家社交媒体管理公司Hootsuite的总裁。他的公司在迅速成长壮大，他也注意到因此带来的问题：会议太长、太多，导致时间被浪费。

为了解决这个问题，霍尔姆斯在公司里颁布了3项规定：

第一，不愿意参加会议的可以说"NO"；

第二，参加会议时发现会议文不对题，或者觉得与自己无关的可以自由离开；

第三，公司技术人员星期二和星期四无须参加会议。

3项规定颁布之后，霍尔姆斯发现公司里的会议明显减少，工作效率开始提升。

如果你是一位高效能人士，在面对无效会议时就要敢于站出来说"NO"。我想，你的上级会理解你的做法。

如果有些会议与你无关，就不必参加，但应事先跟上级沟通；如果有些会议不得不出席，也可以自行缩短会议时间。你可以选择提前发言，说完自己要讲的内容就走，完全没必要恭恭敬敬地听完一场会议的整个过程。如果你的公司、你的上司坚持，那么你可以考虑是否还有必要待在这里，因为它影响了你的工作效率。

如果你无法确定是否需要参加会议，或许你可以用下面这个思维导图试试。

这里有些高效开会的技巧值得借鉴。

### 1. 提前做好准备

会议开始之前告诉与会者相关内容,发给相关人员会议议程,或是私下进行沟通。会议组织者需要梳理好思路,想好可能会被问到的问题,并做好周全准备以防跑题。

### 2. 有意识地限制与会人员人数

发布会议邀请之前,严格限制参加会议的人数,可以只邀请核心成员参加。如果需要邀请管理层成员参加,必须事先打好招呼。

### 3. 高效演示 PPT

找相关人员制作 PPT,数量控制在 5~6 张为宜,每张的讲述时间不宜超过 2 分钟。一场会议,演示 PPT 和讨论的时间比例为 1∶2 是比较合理的。

### 4. 将会议的重要内容印成文件

很多人开会"不带脑子",不记笔记,领导说完的事转眼就忘了。这样的信息损耗,浪费了彼此的时间。所以将开会讲的内容印成文字发给与会人员,效率就会更高。

### 5. 注意与会人员身体语言

当与会人员出现打哈欠、身体后倾、双手交叉等行为时,说明他们已经开始对会议内容失去兴趣,而接下来你所说的话都是在浪费时间，这时就需要尽快调整或是直接结束会议。

### 6. 明确责任、分工

开会是为了分配工作，要求责任到人，并规定完成日期。总之，要让每个人都感受到压力，否则会议就失去了意义。

### 7. 电话会议、视频会议

利用电话、视频进行开会非常便捷，可以通过相关软件完成，有助于更好地记录会议内容，更方便地加入新成员或是随时退出。

## 案例：知名CEO是如何对付无效会议的

前苹果公司CEO史蒂夫·乔布斯——控制会议规模

乔布斯在开会的时候，会非常严格地控制与会人数，除非绝对必要，否则一律不予邀请。乔布斯认为，太多的人和声音会造成适得其反的结果。据说美国前总统奥巴马曾邀请科技界的领导人开会，而乔布斯则拒绝参加，因为他认为嘉宾名单太长，没必要参加。所以，乔布斯的会议名单往往都保持在个位数。

Facebook首席运营官雪莉·桑德伯格——设置会议清单

桑德伯格在开会之前会设置会议清单，开会过程中每完成一项便划掉一项，清单全部结束之后会撕掉那一页笔记，接着结束会议。

谷歌公司CEO拉里·佩奇——不要让会议给你的工作带来瓶颈

拉里·佩奇上任之后，向所有人发送了一份备忘录，目的是重整会议制度。他规定一次会议中不超过10人；每次会议都需要有决策者在场，并且不能等到会议开始后才做决定。

  雅虎CEO 玛丽莎·梅耶尔——用数据支撑决策

玛丽莎在会议中要求每一个提出新思路的人，都必须提供支撑自己观点的数据。这样决策完全基于数据，减少了糟糕假设的数量，速度就会更快。

  连续创业者CEO 加里·维纳查克——将会议时间缩短一半

加里·维纳查克认为，大部分在会议上发生的事情实际上并不重要。如果你计划开1个小时的会议，就会不可避免地拖到这个时间；如果你将会议设为15分钟，就一定会找到方法在有限的时间内完成重要的事情。所以，他建议将每一次会议缩短一半，从而迫使会议组织者提高效率。

## 【APP实战】如何利用日程表安排自己的时间

为了避免浪费时间，我会将自己的日程安排得非常紧凑。形成习惯之后，效率也就越来越高。我用的是365日历这款APP，听起来也许不够专业化，但实际上非常简便实用。

利用 365 日历将所有任务安排得满满当当，可以有效避免时间被浪费的情况。每天打开 APP，就会看到一天的日程安排；为每一项任务设置起止时间，会更加直观地了解每项任务所需时间，从而更好地执行。

打开 APP，根据日历创建任务。

每天上班之前，最好是利用通勤时间设计好全天计划，然后根据需要随时添加或删除任务。在下图中，我设置了以下 3 项任务：

完成创意书方案；

寻找化学老师；

晚上见客户。

通过这样的方式,打开日历后,每天的任务便一目了然。

每完成一项任务,就点击"标记完成"按钮,相当于划掉笔记,不仅可以带来成就感,还可以在一天结束的时候进行统计,看看自己完成了多少项任务,每项任务是否按时完成。如果任务提前完成,下一次设置的时候可以缩短任务时间;如果任务延迟完成,找到原因,如果实在难以改善,可以增加完成时间。

标记完成

365日历还有一项实用功能叫作"共享日历",非常适合管理者使用。点击"创建共享日历"选项,就可以与你的团队共享工作任务,从而省去逐一布置任务的时间。

可以通过微信、QQ、365账号或复制链接的方式邀请成员，这样你的团队成员就会看到共享任务。

编辑一部的团队任务，管理者只需再次发布任务，成员就可以看到并执行了。

这就是365日历的基本操作方法，简单实用，容易上手。用不着那么复杂的日程安排APP，通过日历的方式就很直观，每天需要完成的任务一目了然，只需养成习惯，工作效率就会逐渐提高。

### 1. 为每项任务之间留出缓冲时间

需要注意的是，每项任务之间一定要有缓冲时间。就像每一个 25 分钟的番茄钟之后，留出 5~10 分钟的休息时间，每一项任务结束之后，也需要一段时间放空大脑，充分休息。

一是有助于以旺盛的精力投入到下一项任务，从而保持高效；二是如果发生突发事件，就能有时间处理，不会打乱日程安排。

以开会这件事为例，假设领导的会议安排为 1 个小时，但是基于对领导的了解，很可能会出现拖延的情况，那么你就可以将会议时间设置为 1 小时 30 分钟，留出应对突发情况的时间。

如果会议按时结束或者提前结束，你可以用省出来的时间做其他工作；如果会议超时，你也不致手忙脚乱。

高效能人士都是计划高手，如果你看他们的日程表，会发现并不像想象中排得满满当当，相反可能会很松散。因为他们善于做计划，将一天中可能遇到的事情都想到了。他们的日程表不是最满的，但是每天的计划基本都可以按时完成，所以总是可以保持高效率。留有余地，就是他们的时间管理技巧之一。

### 2. 利用空当时间处理小任务

这里的小任务指的是 20 分钟之内的任务，前面提到做计划时要留出缓冲时间，例如，开会预计 1 小时，做计划的时候则设置为 1 小时 30 分钟，这样就会有 30 分钟的空当时间。每天设置多项任务之后，空当时间就会很多，这部分零散时间如果用来做耗时较多的大任务将很难完成，而且还会造成注意力无法集中降低效率。

空当时间适合做 20 分钟之内的小任务。以写作为例,写一节 2 000 字的内容,我至少需要先构思、找资料,之后才开始写作,最快也要 1 小时。20 分钟肯定无法完成,也许刚有点思路就到时了,这样反而会影响工作效率。

不过,我可以利用 20 分钟的时间来找资料,因为只需在网上搜索而不用费脑子。

空当时间最适合做这类工作,时间短,且不用过脑子。相关研究表明,重新集中注意力的时间大约在 9 分钟,如果按照 20 分钟计算,做动脑子的工作实际时间只有 11 分钟。所以,空当时间最好安排简单的重复性任务,还可以起到休息缓冲的作用。

# 第四章

## 拖延症让你无法成为更优秀的自己

Chapter 4

## 第一节 你有拖延症吗？测测便知

你有拖延症吗？谁又没有呢？只不过没有意识到而已。我有一本书是专门写拖延症的，就是因为受其所害的人数众多。很多研究结果都表明，存在拖延行为的人超过50%。我相信，实际情况要远超过这个比例。

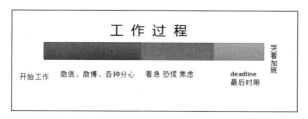

据我观察，目前国内很多人工作的时间一点也不短，可是薪水却并不理想。这不是环境的问题，而是自身的问题。不满

意薪水，你完全可以跳槽啊！微软的薪水高，华为的薪水也高，你能去吗？

如今大多数人的实际工作能力相差无几，为什么薪水差距这么大？除去人脉、情商、经验等因素外，还有一个关键点就是效率。

同样工作 10 小时，他给公司赚了 5 000 元，你只给公司带来 500 元的经济效益，收入水平自然会有差距。

如果你问我现在人们面临的最大问题是什么，我认为拖延症还是其次，最严重的则是无意识。也就是说，他们不知道自己存在拖延行为，甚至认为自己的效率还不错。

如果你购买了这本时间管理的书，则说明你有意提高自身的工作效率。你需要进行一项自我测试，看看自己到底是否存在拖延行为，具体有多严重。下面这个测试来自这套高效能系列图书中的一本，主要是讲述拖延症的。如果你的拖延行为比较严重，建议单独购买。

如实回答下面的题目，看看你的拖延症严重到什么程度了。

1. 工作任务总是在快到期限的时候才做完。

    A. 是  B. 否

2. 总是临近下班的时候才开始忙碌，不知道时间浪费在了哪里。

    A. 是  B. 否

3. 没有工作规划，想起什么做什么。

    A. 是  B. 否

4. 除非紧急任务，其他任务总是紧张不起来。

    A. 是  B. 否

5. 磨洋工心理，当一天和尚撞一天钟。

A. 是　B. 否

6. 懒惰成性，能拖就拖。

    A. 是　B. 否

7. 习惯性分神，很容易被琐事打扰：

    A. 是　B. 否

8. 做事缺乏信心，总认为做不好而导致拖延。

    A. 是　B. 否

9. 微博、微信、QQ、邮件……有响动必查必回。

    A. 是　B. 否

10. 欲望不足，知足常乐心态导致行动力低下。

    A. 是　B. 否

11. 工作缺乏逻辑性，缺乏时间管理技巧。

    A. 是　B. 否

12. 情绪化严重，不顺心的时候工作效率低。

    A. 是　B. 否

13. 没有目标，对于非即时回报缺少动力。

    A. 是　B. 否

14. 意志力不强，稍微困难的任务就无法坚持下去。

    A. 是　B. 否

15. 重压之下习惯性拖延。

    A. 是　B. 否

注：选"是"得1分，选"否"不得分。

## 测试结果

0~4分：轻度拖延。恭喜你！你的拖延症在正常范围之内，要知道90%的人都会有拖延症，所以不用担心，继续保持下去。

5~11分：中度拖延。虽然有些严重，但是作为普通员工，你的拖延症依旧处于可控范围之内。然而如果想更进一步，成为高效能人士，你必须改变工作习惯，找出导致拖延的原因。

12~15分：重度拖延。你一定要引起重视，当一个人的拖延症达到重度水准，也就意味着一个失败的职业生涯。这时你需要重新审视自我，进行职业定位，是不是因为对目前的工作不感兴趣或者是不擅长，从而导致拖延。如果不做出改变，你很可能会成为一个平庸的人。

## 第二节 拖延症患者要学会利用"8小时之后"

标准工作时间是8小时，而实际工作时间要比这个长。"8小时之后"指的是业余时间，这才是分出高下的时间段。成功人士并不一定都是工作狂，但是在他们还没有成功之前，都很好地利用了"8小时之后"。

哪一个创业者不是8小时、12小时、16小时这样拼过来的，想成功就不要怕累，想休息可以等到功成名就之后。

如今很多财富大佬有些依然很拼，有些则没那么拼了，而是早早就下班回家，但是"8小时之后"在他们的生命中一定占有非常重要的位置。没有当年的"8小时之后"，就很可能没有他们今日的辉煌。

华为常务董事、CFO孟晚舟在北京大学做演讲时说过："我们希望员工能高效工作，在工作时间内完成工作任务。我们评价员工是以责任结果为导向，而不是看你是否加班。当然因为全球化的业务发展、时差的原因，有的时候我们确实需要在晚上或者周末和一线开电话会议、回邮件什么的。"

孟晚舟认为，人生的差别就在8小时之后。8小时工作结束之后，有的人选择放松休息，有的人选择继续学习。几年后，差距就拉开了。

"8小时之后"对于渴望成功的人很关键，对于拖延症患者同样非常重要。如果测试结果是你的确存在拖延行为，那么你不仅要一边学习时间管理技巧以提高工作效率，还要通过下班之后的时间来尽量弥补。

别人工作8小时，顺利完成了一天的工作任务；你工作8小时，却只做了一半。于是要么留在单位加班加点，要么回家继续工作。治疗拖延也是有笨办法的，就是通过增加工作时间来弥补低效率。

然而，如果你的"8小时之后"都用来弥补白天没有完成的工作，那么提升速度将会非常缓慢。下班之后的业余时间，最关键的作用在于自我提升，即是用来学习的，不是用来补漏的。

小刚是一个很勤奋的孩子，而且很有抱负，毕业之后进入了销售行业，先后做过促销员，进过乳制品公司，甚至卖过保险。他很能吃苦，但是几年之后我再见到他时，发现他进步十分缓慢。按理说,这么拼命现在至少应该是销售主管了。

他见到我之后大吐苦水,表示自己的工作效率很低,说自己属于那种"勤劳而不富有的人"。

看到他的状态,我觉得他的问题很严重。他正在适应这种碌碌无为的状态,如果再做一两年很可能就认命了,那么他这辈子就完了。

我发现他的问题就是效率不高,每天工作至少10小时,却不出成绩。我问他的具体工作内容,他说就是出去跑业务,实际上根本不忙,每天都有很多闲工夫,只是他不愿浪费时间,所以没事就出去拜访。但是,通过拜访带来的成单率不到1%。

我建议他留出更多的时间进行学习,提升自我。如果不忙的话,到点就下班,回去之后多看看销售方面的书,学学相关技巧、学学如何待人接物,关键是怎样跟客户沟通,以及如何才能拿下订单。

本来机会就不多,好不容易遇上一个客户再失手了,岂不是很伤士气?此外,我建议他扩大人脉圈,利用业余时间多参加相关的聚会以积累人脉,远比愣头青似的拜访有效果。

小刚觉得很有道理,回去之后便照着做了。虽然刚开始的时候会有一些压力,毕竟他既不出单子,又不跑客户,任哪个领导都会有意见。不过沟通之后,领导觉得他说得有道理,就答应给他一段时间。

从小刚目前的反馈来看,他觉得"8小时之后"这段时间对他来说很有效果。他知道自己做事比较慢,如果白天没有完成任务,就会利用下班之后弥补,剩下的时间则用来学习。之前他从来没有时间去结识新朋友,自从按点下班之后,便加入了几个圈子。因为他的人品不错，有些朋友就会帮他介绍客户，现在每个月的业绩已经开始有起色了。

所以说，如果知道自己存在拖延行为，就要妥善利用"8小时之后"的时间。所谓早起的鸟儿有食吃，你既不聪明，也没人脉，工作效率又不高，怎么才能脱颖而出？唯有勤奋加上正确的方法，一边治疗拖延症，一边进行自我提升。

对于拖延症患者来说，"8小时之后"要做的事与别人不同，需要针对自身效率低、喜欢拖延的行为进行相应的练习。下面推荐一些项目。

### 1. 健身

健身是锻炼意志的绝佳方式，不仅有利于身心健康，还能够适当减压。我们知道，压力太大也会造成拖延行为。所以健身的方式，可谓一举多得。现在办理健身卡的人很多，但是能坚持下来的不多，很多拖延症患者的健身卡只用过几次。所以，下班之后去健身，每天1~2小时，逼自己坚持下来，就是改变拖延的第一步。

### 2. 阅读

有些人认为阅读毫无作用，实际上阅读有助于培养耐性、增长知识。拖延症患者总是习惯买书，却很少能够坚持读完一本书，书架上摆放着一堆新书，连封膜都没拆开过。健身之后，培养阅读习惯，能够迅速平静，并养成耐心。而且还可以通过读书学到很多实用知识，如各种时间管理方法，都有助于治疗拖延症。

### 3. 社交

社交非常重要，而且相对前两者来说又很轻松。你只需要打打电话，约上三五好友出去吃个饭既可。社交与治疗拖延症没有直接联系，但记住准时赴约就可以了。

### 4. 做计划

几项任务之后，时间也差不多了，临睡前学会做计划，把第二天要做的事记录在 APP 上，是一种非常有效的习惯。坚持下来，对于治疗拖延症很有帮助。

## 第三节　凡事等明天的消极思维

"明日复明日，明日何其多？我生待明日，万事成蹉跎。"这首明日歌已经成为无数拖延症患者的心灵之歌，可谓唱进了他们的心坎里。

凡事等明天的习惯，让他们的拖延行为一天比一天严重。即便是今天能做的事，也会拖到明天，再拖到后天。总之，只要不到最后一天，他们就无法下定决心开始。

这是典型的拖延行为，是缺乏自制力的表现。最开始，没人会在意，因为"明天再做"的行为总是发生在一些小事上。日积月累，问题才会显现出来，直到开始影响工作，最终引起了人们的重视。不过，这时已经形成了习惯，再想改变就很困难了。

有"凡事等明天"思维的,一般是两类人,一类是喜欢在压力之下工作的人,压力越大能量越大,这些人虽然存在拖延行为,但是不会误事;另一类人则正好相反,在压力之下无法正常工作,最终导致项目无法完成。

### 1. 假设你是第一类人

如果一项任务,你觉得一星期肯定可以做完,而现在离任务完成期还有30天,你一点压力都没有,所以也没有动力。于是你一直耗着,等到只剩7天的时候,或者只剩5天的时候,终于意识到还有工作没完成,就会感到很大的压力,突然间变得兴奋起来。你开始进入工作状态,而且效率很高,结果按时完成了任务。

### 2. 假设你是第二类人

如果一项任务,你觉得一星期肯定可以做完,那么离任务完成期还有一个月的时候,你肯定不着急,就这样一拖再拖。后来你突然发现,只剩下7天了。按平常的效率,你完全可以完成,但是由于之前浪费了很多时间,现在你开始焦虑、压力变大,紧迫感让你无法思考。你匆忙开始工作,却发现越是着急效果越不好,导致错误百出,只能推倒重来。结果时间一天天迫近,你甚至熬夜工作,但是效率仍不高,而且质量很差,最终没能完成任务。

首先需要说清楚的是,这两类人都属于拖延症患者。但是第一类是主动拖延,而且没有耽误进度,所以我们将精力放在第二类人身上。这类人习惯逃避今天,逃避当下,期待明天,沉迷于明天。但是等明天到来之后，依旧没有任何改变。下面来看看这类人的生活状态。

| 第二类人 | 非拖延症人群 |
|---|---|
| 在拖延中感到焦虑，玩也玩不好 | 以平常心按进度做事，轻松玩耍 |
| 由于拖延，经常陷入自责之中 | 立即行动 |
| 对当下感到痛苦 | 享受当下 |
| 期盼明天可以得到解脱 | 对明天充满希望 |
| 害怕无聊，却不愿行动 | 顺其自然 |
| 浪费时间会带给自己负罪感、内疚感 | 顺其自然 |
| 任务排得很满，但总是无法完成 | 时间表很随意，但是每天都有收获 |
| 迫切渴望改变现状，却不去行动 | 对现状满意，渴望更高效率 |

第二类人由于不断期望明天，却迟迟不肯行动，因此在这种状态下会产生强烈的自责感、焦虑感、痛苦感，从而严重影响了工作质量。他们期盼得到解脱，于是只能寄希望于明天，即明天什么事都可以解决，当下却不做出改变。这样一来，等明天到来时，结果只会更糟，因为他们又拖延了一天。

第二类人总是爱幻想，却从不付出行动。要是我能找一份月薪过万的工作就能买房买车了，到时我就能找到漂亮女朋友了……他们总是会想出各种各样的计划，但就是执行力跟不上。等啊等，终于等到房价飞上了天，买不到房子，连媳妇也娶不到了。

这类人总是处于非常纠结的状态，因为拖延，他们的内心会很焦虑，工作做不好，玩也不踏实。但焦虑没有让他行动起来，反而浪费了大把的时间，寄希望于明天，结果明天到来还是一样。

心理学家认为，消极拖延背后的原因在于自我情绪推断。

对于第二类人来说,坏情绪也会让他们不愿开始行动。

"我觉得自己无法完成,再努力也无济于事";

"今天没心情,论文明天再写吧";

……

消极情绪会导致行动滞后。举个简单的例子,你本来打算周末打扫房间,结果到了周六早上,看到凌乱的房间,衣服丢得满地都是,吃剩的零食摆在桌子上,各种书籍扔了一地……你的情绪瞬间变得很糟糕,心想索性出去玩吧,明天再说。结果玩了一天回到家,一直睡到周日中午,起床看到同样的景象,情绪又变得很差,还是不愿意打扫。

拖延就是这样造成的:坏情绪让人迟迟不愿意行动。

针对凡事等明天的消极思维,如何进行改变呢?以下几个办法可供参考。

(1)调整情绪。

既然坏情绪会影响行动力,那就先试着调整情绪,在状态不错的时候开始工作,这样行动的意愿就会增强。

(2)列出拖延的危害。

第二类人能够意识到自己的拖延行为,实际上是在不情愿中拖延到明天的,在这个过程中自己也会产生焦虑感、出现自责心理。因此,不断用拖延的后果刺激自己,就能够在某种程度上逼自己行动起来。

(3)可视化拖延的原因。

通过自我分析,掌握所有导致自己拖延的原因,然后写在便签纸上,贴在每天都能看到的地方,例如电脑桌上,这样就会起到监督与激励的作用。

## 第四节　成功人士也有拖延症？都是一心多用惹的祸

你以为拖延症只会发生在失败者身上？

你错了！

拖延症的危害性超乎想象，全世界范围内都有无数患者正在饱受摧残。

其中，不乏成功人士！

达·芬奇、达尔文、坂本龙马、亚伯拉罕·林肯、赖斯、乔治·布林顿·麦克莱伦、胡适、王家卫……

成功了，不代表一定是高效能人士，也不代表一定懂时间管理。很多成功者实际上都是天赋异禀之人，即在某一方面拥有独一无二的才华。也有一些人是靠勤奋上位的，他们比普通人付出的时间更多。然而，这些人都可能存在拖延的毛病。换个角度理解，如果这些人改掉拖延症，善于高效运用时间，就会更进一步。

下面来看看那些成功人士是怎么拖延的吧。

王家卫，一位追求完美的著名导演，他的作品的确非常独到，很受大众喜欢。但正是因为追求完美，他拍摄一部片子用时很长，这也是导致拖延的原因。

《一代宗师》这部片子很多人都看过，如果我没记错的话应该是2013年与影迷见面的。可你知道吗，王家卫拍摄这部片子的想法早在1996年就有了，到了2002年才定下梁朝伟担任主演，而开机的时候已经是2009年11月了。

我不懂电影拍摄周期，但我很清楚投资人的耐心，他们都希望电影尽快上市，以尽快回款。可是这部片子开机之后，断断续续拖了3年，片中的大腕更是屡次返场，很多演员后接的片子都上映了，《一代宗师》还没拍摄完成。因为，他的很多片子都是如此。他自己曾对记者说："我拍片时间最长的是《2046》，前后5年，从1999年4月开拍，直到2004年7月才上映。"

从正面看，这是王家卫精益求精的表现，但是从侧面解读，这是一种拖延行为。

达·芬奇，天才画家，多才多艺，同样也是因为追求完美以及不断冒出的新想法导致工作被拖延。

创世之作《蒙娜丽莎》画了4年，《最后的晚餐》画了3年。达·芬奇一生的灵感不断，但最终流传于世的经典作品不超过20幅，其中有五六幅到他去世时还压在手里没能交付。可想而知，他的客户会急成什么样子。

难道达·芬奇自己不着急吗？他在一则笔记中写道："告诉我，告诉我，有哪样事情到底是完成了的？"

达·芬奇一生有无数灵感没能付诸实践，这也成为他一生的遗憾。设想一下，如果他当时懂得更高效地利用时间，也许就能治好拖延症，那么当今世界也许就会留下更多的传世之作。

美国前国务卿赖斯让很多人都想不到，担任如此重要职务的人也会有拖延症？他们每天不是忙得要死？事实就是让人震惊，即便有些人每天工作超过12个小时，也不代表每一分钟都能保持很高的工作效率。

赖斯在个人自传中写道：自从学生时代开始，就一直饱受拖延症的折磨，即便在非常成功之后，也没有摆脱。

这样的例子还有很多很多，如果你留心身边的成功人士，就会发现他们尽管很忙，但是或多或少都存在拖延行为。

我们之所以要研究成功人士，就是为了更好地治愈自己的拖延行为。毕竟大多数书中都是普通人的例子，这不难理解，而且各种方法我们也学了不少。了解成功人士的拖延问题，有助于更好地观照自身。

除了追求完美之外，成功人士还有几点问题。

### 1. 一心多用

无一例外，成功人士都是非常忙碌的，因而等待他们处理的事情很多——没完没了的电话，见不完的客户，无数封待浏览的电子邮件……每一位成功人士都希望自己拥有多任务处理能力，并且他们也是这样做的。一边接听电话，一边批复文件；一边回复邮件，一边布置任务……

他们觉得这样做可以让效率更高一些，然而事实真的如此吗？这些人根本没有意识到，一心多用正是导致拖延行为的关键所在。

对于如何保持专注力，避免一心多用，我会在该系列的一本专门讲拖延症的书里详细论述。

### 2. 目标过大

如果你跟成功人士聊小目标，他们很可能不会搭理你，因为他们觉得这是在浪费时间，甚至是一种嘲笑。这类人只会制订一些远大的目标，也只对做大事感兴趣。然而当他们给自己设定了一个"先赚他一个亿的小目标"之后，在实施的过程中就会发现非常困难。很多研究已经证实，远大的目标往往"死"在第一步。

### 3. 轻视问题

成功者一定有超凡之处，而且因为有过成功经验，所以最开始他们对于拖延的问题并不重视。尤其是一些善于在压力下工作的人，不到最后一刻绝不会全力以赴。

轻视问题的后果就是，"病情"越来越严重，当终于有一天认识到问题的严重性之后，再想改变已经很困难了。

综上所述，我认为导致成功人士拖延的最大问题就是追求完美。如果说成功人士有资格追求完美，那么普通人就要考虑相应的代价了。你可以追求完美，但是一定要考虑这样做到底值不值？

成功人士问题再多，毕竟也已经是成功了。所以作为普通人，还要针对自身特点，吸取他们的教训，改掉自己的拖延行为。

## 【APP实战】利用计划表消除拖延症

做事有计划的人，效率都不会太差。当然，前提是必须落实行动。对于拖延症患者来说，做计划相当于治疗的第一步，即你的病情还没有严重到需要"开刀"的地步，通过"吃药"基本就可以控制住了。

很多人都没有做计划的习惯，遇到事情才会着手处理，这样就会耽误时间。和学习一样，只有课前预习才能确保开课之后进入高效状态；否则，你可能要花十几分钟预热，而当你逐渐进入状态时，就会错过最开始的那些知识点。

培养做计划的习惯是一个好的开始，其中计划表非常有效，常见的包括日计划表、周计划表、月计划表。对于存在拖延行为的人来说，利用日计划表与周计划表就够了。随着拖延行为逐渐减轻，就可以开始制订更长远的计划，例如月计划表、季度计划表、年度计划表。

这是因为如果时间线太长，会给拖延症患者带来压力，反而不利于治疗效果。那么，如何利用 APP 制作日计划表与月计划表就成为本节的关键。下面进入【APP 实战】。

还是选择"365 日历"这款 APP，这次选择网页版进行讲解。首先进入官网：http://www.365rili.com/。

选择 Web 在线版。

可以直接用快捷登录的方式,因为工作中 QQ 与微信都是必备的,开机就会自动启动。而该软件提供了如下所示的四种快捷登录方式。

选择 QQ 登录,节省了注册时间。

之后进入主页面。

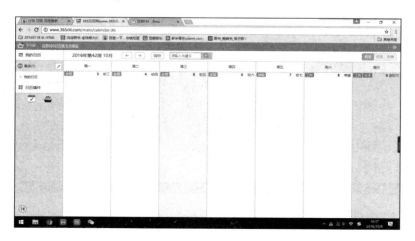

第四章 拖延症让你无法成为更优秀的自己

单击页面的右上角的图标 可以进行周历与月历的切换，如下图所示。

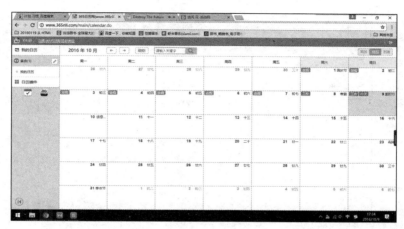

如果到了进阶阶段，可以单击【月历】或【列表】，都是月计划表的不同形式，如下图所示。

当拖延症减轻之后，就可以进阶到这一阶段。在初级阶段，我们还是以日计划表与周计划表为主。因为周期较短，更容易执行。

利用365日历，日计划表与周计划表实际上都可以编辑。直接单击具体日子就可以设定每日计划，如下图所示。

单击2016-10-09日当天的任务，就会弹出整天的工作计划，如下图所示。

按照上述步骤，将一周任务安排妥当，提前做好相应准备。

第四章 拖延症让你无法成为更优秀的自己

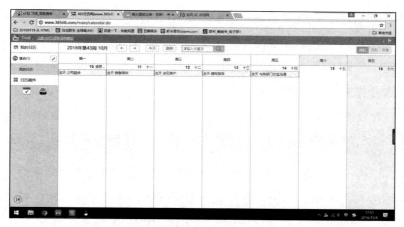

需要注意的是，既然是做计划，就一定要详细。设定完一周计划之后，就要落实到每日计划。以周一公司开会为例，你需要做好如下相应准备。

在会上你准备说什么都要事先想清楚，通过 APP 记录在手机上，如果内容较多记不住，在会上可以通过手机快速了解，且不会耽误会议时间。

设定日计划与周计划，有助于养成做计划的习惯。需要注意的是，计划不宜过长，拖延症患者一般都没有耐心。如果上来就设定月度计划甚至年度计划，很可能无法坚持下去。从每日计划开始,当你尝到效率提高的甜头时,就会习惯于提前做计划,并逐渐养成习惯。之后扩展到每周计划,当拖延症开始缓解,耐性得到增长之后,再设定月度计划或更长远的计划,这样完成的概率会更大。

## 【APP实战】养成好习惯方能治愈拖延症

今天人们早已知道习惯的重要性,且都在努力培养好习惯。因为人们深知,习惯一旦养成,无论好坏,改起来都非常困难。

1994年,哈佛大学的研究人员进行过一次调查,对象是那些对生活状况进行了大幅改变的人。结果显示,当人们的生活遭遇巨大变故之后,才可能导致习惯的改变。

根据这个结论,对于拖延症患者来说,只有当拖延行为积累到一定程度,对生活造成巨大损失,他们才会意识到改变习惯的重要性。

离婚的人,身患绝症的人,或者是目睹身边亲密的人离去……这些都是生命无法承受之痛。在经历了这些之后,人们才会有意识去改变,进而重塑习惯。

往最坏的情况设想,由于你的拖延耽误了工作,导致失业;或者因为拖延,没有见到病危的家人最后一面……这些都是我们不愿意经历的。因此,不要等可怕的事情成为现实再去改变习惯。

还有一点你需要清楚,习惯是无法被彻底消除的,而只能被替代。也就是说,如果你做事经常分心,就需要培养专注的习惯进行替代。

这一点很容易理解,一个正在戒烟的人,当烟瘾犯了的时候,会用口香糖替代香烟。掌握了这种方法之后,你就可以开始用好习惯替代已经养成的坏习惯。

通过工作实践，我发现自从智能手机问世，各类 APP 开始流行之后，人们已经养成了手机不离身的习惯。那么针对这一情况，我觉得完全可以通过时间管理类的 APP 培养高效工作的习惯，以有效解决拖延的行为。

人们的拖延行为并不是一天两天形成的，而是在长期无意识中形成的，所以一旦确定自己处于中度拖延状态（见第一节拖延症测评）以上，那么就必须开始改变。因为坏习惯已经扎根，而你必须找到一个更健康的习惯进行替代。

关于习惯养成的五个组成部分：

### 导火索—习惯动作—奖励—监督—信念

【导火索】——触发事件的起因，也就是导致拖延的起因。例如你有分心的毛病，微信一有响动就会第一时间查看，那么微信就是导火索。你要做的就是尽量避免，比如关掉微信。

【习惯动作】——习惯动作是对导火索的反应。例如微信一响你就要立即查看，即已经形成无意识动作。习惯动作已经形成，且很难改变，你需要塑造新的习惯动作进行替代。最初阶段，改变并不容易，比如微信这件事，如果你不能关掉它，那么就必须培养专注的习惯，即便微信响个不停，也要先完成手头的任务。

【奖励】——根据马斯洛的需求理论，人都是需要被赞美的。对于培养习惯这件事，每次成功走出一小步，都给自己一个小小的奖励，就能获得更多动力。

【监督】——有拖延症的人，意志力都不会太强。所以在培养习惯的过程中，一定要有人监督，每当松懈的时候，就会有人提醒你。有了 APP 之后，一切变得更加容易。因为不需要别人的帮助，通过软件就可以进行自我监督。

【信念】——最终能够养成好习惯的人，或多或少都有一种信念，他们相信自己可以完成。信念的力量是强大的，对于养成习惯、战胜拖延这件事，精神力量往往比其他外力更加重要。

了解完习惯的组成部分之后，就可以进入实质性治疗阶段，即通过 APP 培养好习惯。

对于高效能人士来说，一部手机基本就可以完成 80% 以上的任务。而通过 APP 进行习惯养成是非常简便的，毕竟人们已经习惯了每天频繁使用手机。在此基础上，只需下载一款习惯养成的 APP，就可以培养出很多高效习惯。

这里介绍的 APP 名为"种子习惯"，是一款习惯养成类 APP，我在一本关于拖延症的书中也进行了详细介绍。

首先，进入"种子习惯"的首页：http://www.idothing.com/index.html#page1。

页面非常简洁，下翻至第二页就可以找到二维码，扫码即可下载。

种子习惯提供 iOS、Android 两个版本下载,这里用的是 Android 版本。扫描二维码之后,进入下载界面。

37 万次的下载量,在习惯养成类的 APP 中应该算比较高的,用起来也应该不错。

不用注册,直接登录,非常简便。这里用的是微信直接登录。

确认登录之后,就可以进入主界面了。

点击右上角的 ▉，就可以添加习惯了。因为本节是以治疗拖延症为主，所以要添加适合自己的相关内容。

APP设计者提供了很多种习惯选项，没有计划的人就可以根据这些热门选项进行选择。

每个人拖延的行为、特点不同，因此应结合自身情况进行设置。对于懒惰的人来说，可以设置"早起""每天运动""战胜懒惰"这几项；对于习惯分心的人来说，可以设置"番茄时间""专注"这几项；对于喜欢临时抱佛脚的人来说，则可以设置"计划"类的选项。

该款 APP 除了热门习惯之外,还有诸如【健康】【运动】【学习】等栏目。如果都不适合自己，还可以进行搜索。

添加习惯之后，紧接着会进入习惯设置界面，只有【设置提醒】与【设置私密】两项，建议两项都选，以便督促自己坚持下去。

该款 APP 还有一个特点，就是抓住了人们喜欢竞争的天性，设置了排行榜。很多人都是因为想与他人比试一番才坚持运动的，例如微信运动，人们可以看到好友当天走了多少步，然后互相竞争，偶尔点个赞互动一下，非常有趣。

以【早起】习惯为例,右上角有一个奖杯标志。

点击之后,进入排行榜。

这是个很有意思的设计，没有竞争，人们就会产生惰性，积极性也会大幅下降。微信运动里是跟好友比赛，更容易调动起积极性。这款APP虽然都是陌生人，但是同样可以起到激励作用。此外，你还可以通过APP交友，从而认识很多志同道合的朋友。

例如，点击【早起】栏，里面的用户"白夜不死妖"，你就可以看到他的动态。

点击底下那个会话图标 ，就可以进入聊天窗口随意交流了。

很多人通过【种子习惯】，不仅养成了好习惯，还找到了志同道合的朋友。这也是这款APP如此火爆的原因。

此外，你还可以发布自己的状态，点击下图中的 进入"记录一下"的界面，就可以将你的状态写出来与大家分享，并配上图片。例如，你在治疗拖延症过程中的心得，配上有趣的图片，相当于微信的朋友圈，能够起到激励他人又勉励自己的作用。

点击某个习惯，还以【早起】为例，可以看到有多少人跟你一样在坚持。点击"加入"按钮 ，你就成为其中一员了。

这些人不一定都是为了治疗拖延症，但都是为了培养良好的习惯。在这些人中，绝大多数都有赖床的习惯，而加入【早起】群组就是为了改变赖床的坏习惯。

看到这么多人都在为同一个目标努力，你自然会增强信心、更有动力。

设置叫早时间以及备注，例如，每天早上 6:00 起床并养成习惯，你会发现精力更充沛，而且会有更多时间去做自己喜欢做的事。

设置其他细节之后，点击"确认"按钮。

这里有一个闹钟运行说明选项，可以设计很多种细节，根据个人手机情况进行设置即可。

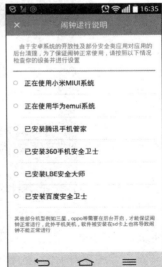

对于赖床的人来说，普通闹铃是没有效果的，他们可以随手关掉接着睡。所以在最初阶段，建议把手机放到离床边远一点的地方，并设置反复提醒。这样就不得不起来去关掉闹铃提醒，到时困意自然就减少了很多。

再来看看分享功能，这个功能也十分重要。现在很多人习惯于闷头干活，不懂分享，既失去了乐趣，也丧失了最关键的监督、激励作用。

分享到微信、微博上，让更多人看到你的努力。来自他人的激励是你坚持下去的动力，相互之间的竞争也可以促使你继续下去。可以说，很多人都是在这种激励之下最终养成了好习惯。

通过以上的操作，就可以玩转"种子习惯"这款 APP 了。不过，你一定要记住使用这款 APP 的目的，从而选择那些与拖

延症相关的习惯。这里选择的是以下几项。

【早起】 为的是改变赖床的习惯,这是治愈拖延症的第一步。如果你连按时起床都办不到,说明你的拖延症已经到了晚期,需要抓紧时间治疗。

【拖延症】 与"拖延症"主题相关的内容都放在这一项。

【每天运动】 考验的是一个人的意志力,运动不难,每天坚持运动则比较难。现在人们工作都很忙,大部分人只有周末才会运动。然而你需要治疗拖延症,所以务必每天抽出时间进行运动,这样对自己的身体健康也有好处。

【番茄时间】 这是一种时间管理方法,在这里也可以学到很多技巧,看看其他人是如何利用番茄钟提高效率的。

【为明天设定合理计划】 有计划的人效率都不会太低,这也是必须养成的习惯之一。

【战胜懒惰】懒惰是拖延症的大敌,你必须坚持锻炼,培养意志力,把平时犯懒的事情都列出来,逐一克服。

此外,要根据自己的需求选择想要培养的习惯。天长日久,当你养成的好习惯越来越多时,就一定可以成功改掉拖延的毛病。

# 第五章

## TO-DO LIST 与执行方案

Chapter 5

## 第一节 1-3-5法则

1-3-5 法则,简单来说就是:

1 件重要的事;
3 件比较重要的事;
5 件小事。

按照这个法则，一天就可以做完 9 件事，即一天的 to-do list。这种方法看上去非常简单，实际上对于拖延症患者很有效果。存在拖延行为的人，不适合制定过于复杂的目标。通过 1-3-5 法则，相当于将每天的任务细分为三部分：只需完成 1 项重要的任务，这对于绝大多数人来说都可以接受；完成 3 项比较重要的任务，在完成一项困难任务之后，这个目标显然不算过分，大部分人都可以继续下去；那么最后只剩下 5 项轻松的小任务了，顺手做完一点都不困难。

按照这个 to-do list，每天都可以做完 9 件事，时间长了就会发现，其实你的效率已经很高了。毕竟每天做完 9 件事，那么一周 5 天工作日之后，就相当于完成了 45 件事。虽然算不上高效能人士，但也绝对不算是拖延症患者了。

现在人们的工作都很忙，从 9 点来到办公室开始，就进入了高强度的工作状态，且每天要处理的任务非常多。利用每日计划表列出来之后，你会发现这一天等待你去处理的任务多达 20~30 项。如果你有严重的拖延倾向，那么看到这么多任务很可能会感到压力很大从而有意识地拖延。

这时你就需要灵活变通，从二三十项任务中进行筛选，先筛选出 9 件最重要的事，之后根据 1-3-5 法则排列执行。当你做完这 9 件事之后，如果还有时间，继续按照 1-3-5 法则执行，如此循环。一天结束之后，将未完成的任务放到第二天。

如果长时间按照 1-3-5 法则练习，效率就会大大提升。你会发现，每天能够完成的任务越来越多，拖延的问题也会得到缓解。

## 关于1-3-5法则的具体运用

### 1. 确定黄金时间段

所谓黄金时间段，就是指你的效率最高的一段时间。每个人的黄金时间段都不一样，所以应该找到属于自己的最佳时段。例如有些人9:00-11:00效率最高，有些人15:00-18:00效率最高，还有些人可能凌晨效率最高、思路最清晰。

按照1-3-5法则，将"1"跟"3"即最重要的任务与次要任务放在最高效的时间段内处理，将"5"这类小事情则放在空闲时间段处理。

例如，你要制作一份品牌报告，需要清晰的思路，而且这件事很重要，那么就将它归为"1"，在你最高效的时间段内处理。

这就是所谓的在适当的时间做合适的事。不同时间段的"价值"和含金量是不同的，最高效的时间就要处理最重要、难度最大的任务，而空闲时间或者状态一般的时候则去处理一些小事。

下面是我周一时采用的1-3-5法则：

◆ 1：处理最重要的任务（一周规划）；

◆ 3：处理每日重要工作任务（回复邮件、策划选题、找作者）；

◆ 5：处理其他事件（写稿子、整理办公桌、与作者交流、阅读、浏览金石堂图书网站）。

在周一，我将一周规划视作最重要的任务，所以要在最清醒、最高效的时间段内处理。只有做好规划，才能将每天的任务安排得井井有条，也可以最大限度地避免拖延，从而确保这一周的效率。

1-3-5 法则之所以适合拖延症患者，是因为普通人每天的精力也就可以处理 1~2 件最重要、最复杂的事情，其他时间可以安排 3 件相对重要的事，剩下 5 件不重要的小事实际上就是用来放松的，顺手做就可以了。

所以对拖延症患者来说，普通人可以做到的，自己通过努力也可以达到，虽然刚开始有些困难，但是坚持下来养成习惯就好多了。

### 2. 处理有限的任务

虽然是 1-3-5 法则，但并不代表你在一天之内一定要做完 9 件事，而应该根据个人能力以及当日任务多少进行合理安排。如果周五不忙，一共就有 3 件事，同样可以利用 1-3-5 法则，先找出最重要的，然后是比较重要的，最后是不重要的，相当于 1-2-3 法则。

灵活地处理有限的任务，而不是试图处理更多的任务，这样循序渐进效果才会更好。尤其是拖延症患者，最开始的时候不要在一天之内安排过多任务；否则就会带来压力，反而不利于顺利执行。

## 第二节  Stop-doing List

To-do list 是指待办事项清单，而 stop-doing list 则是指停办

事项清单，两者都很重要。你需要通过 to-do list 制作计划清单，但同时也要学会列出一份停办事项清单。也就是说，你要找出那些最重要的事情，放弃那些不重要的事情。

很多人忙得焦头烂额，回过头统计时才发现，80% 的时间都用在了处理不重要的任务上。实际上这些任务都应该列在 stop-doing list 中，这样省下来的时间就可以用来处理更多重要任务，从而提高工作效率。

停办事项清单的目的是叫停那些低效率、既耗时又无意义的项目。很多人的待办清单上都会列出一堆任务，其中肯定有些意义不大的事项，而且低效能人士的问题就是，将大部分时间用来处理那些不重要的任务。

通过 stop-doing list 就可以挑选出那些多余的任务，从而帮助你集中精力处理重要事项。彼得·德鲁克说过，公司的选择性越强就越有效率。对于个人来说，同样如此。每个人的时间都是有限的，如果你在 1 小时之内只能完成 3 件事，那么处理 3 件重要的事与处理 3 件无意义的事效果是完全不同的。

现在很多公司讲究多元化，即什么都做，结果什么都做不好。这是因为过多的项目分散了精力，使它们无法专注于某一个领域。而渴望提升效率的员工也是如此，如果每天都列出一份长达几十项的工作清单，那么每项任务就只能分到几十分钟甚至十几分钟。在这么短的时间内只能是糊弄工作，草草收场，而不可能实现精进。

停办清单实际上是一种有目的的放弃。对于员工来说，那些对自我提升作用甚微，无法在短时间内带来利益的项目，就应该仔细斟酌，适当划掉一些。

在提高个人效能的过程中，那些容易使人分心的事情必须被划掉。当然并不是说这些任务没有意义，而是它们在现阶段相对来说只会占据你的时间，并不是你的核心任务。也就是说只有学会放弃，才会得到更加快速地成长。

很多人正是因为放不下，所以才会活得很累，工作、学习皆是如此。有些人既想学习英语，又想学习日语，结果哪一门都没能学精；有些人既想在短时间内提高销售业绩，又忙着处理各种文案、回复邮件，这肯定是难以实现的。

这是因为，大部分人都不具备多任务处理能力。而研究已经证实，一心多用并不能提高效率，反而会减缓速度。列出stop-doing list 的目的实际上是帮你减轻压力、理清思路，知道近期应该将精力放在哪里。

不懂得取舍的人，可以试着列一张遗愿清单，假设自己的生命还剩下最后 30 天，自己到底想做哪些事情。

如果你列出了 100 件未尽之事，自然会将最重要的事情放在最前面，毕竟时间有限。通过这样的方法，就很容易能找出那些不太重要的事情。之后将这个方法运用到工作中，假设你的老板只给你一周时间，如果完不成任务，就会被开除。在压力之下，你会先去完成重要任务，而那些意义不大的事情则会写在停办事项清单上。

需要注意的是，停办事项清单上面的任务并不一定必须废弃不做，而是等你空出时间之后再去处理。

to-do list 与 stop-doing list

| 序号 | 日计划 | 待办事项 to-do list | 停办事项 stop-doing list | 简化后任务 |
|---|---|---|---|---|
| 1 | 9:00–9:30 | 开晨会 | | 1. 开晨会 |
| 2 | 9:30–9:45 | 整理办公桌 | 整理办公桌 | 2. 与作者沟通，布置选题计划 |
| 3 | 9:45–10:00 | 回复邮件 | 回复邮件 | 3. 约见相关作者，洽谈合作 |
| 4 | 10:00–10:30 | 处理微信、QQ信息 | 处理微信、QQ信息 | 4. 与出版社沟通 |
| 5 | 10:30–11:30 | 浏览相关网站 | 浏览相关网站 | 5. 撰写一周计划表 |
| 6 | 13:00–13:30 | 与作者沟通，布置选题计划 | | 6. 写稿 |
| 7 | 13:30–14:30 | 约见相关作者，洽谈合作 | | |
| 8 | 14:30–15:30 | 与出版社沟通 | | |
| 9 | 15:30–16:00 | 撰写一周计划表 | | |
| 10 | 16:00–16:30 | 整理办公文档、合同 | 整理办公文档、合同 | |
| 11 | 16:30–17:30 | 撰写策划报告 | 撰写策划报告 | |
| 12 | 17:30–18:30 | 写稿 | | |
| 13 | 18:30–19:30 | 制作PPT | 制作PPT | |

通过上表可以看出，待办事项清单罗列了13项任务，通过整理将7项任务放进了停办事项清单，那么实际上这一天需要处理的任务只有6项了。而节省出来的时间，则可以专注于这些较为重要的任务。

这6项任务，才是能带来80%利润的重点；而其他7项都属于次要任务，只能带来20%的利润。

Stop-doing list 与 to-do list 一样重要，如果你感觉时间不够用，每天忙得焦头烂额，那么就有必要检查一下待办事项清单，看看哪些任务可以移至停办事项清单，等空闲的时候再去处理或者索性舍弃。

## 第三节 高效能人士都是清单控

如今利用清单管理时间的方式开始流行起来，很多成功人士、高效能人士也已成为清单控。通过把一项项任务清单化，能够让思路更清晰，行动起来效率也更高。

职场社群网站领英（LinkedIn）做过一项调查，结果显示63%的专业人士会把待办事项拟成清单。可见，清单管理已经深入人心，成为高效能人士必备的时间管理方法。

美国著名电视节目制作人宝拉·里佐就是一位清单控。她前段时间出版了一本专门讲清单管理的书，其中提及了很多世界知名人物，如麦当娜、玛莎·斯图尔特、约翰·列侬、富兰克林、里根、达·芬奇、爱迪生和奥普拉等。这些人都是清单控，常通过清单管理实现高效率。

宝拉·里佐就是通过不断列清单实现对生活的高效管控的。

- 要做的事情
- 要去的地方

- 要想的剧情
- 要试的 APP
- 喜欢的餐厅
- 想读的书单
- 要办的活动

……

一天的工作任务，能够想到的事情，宝拉·里佐都会以清单形式呈现出来，因为她觉得这样做能够更加高效地利用时间。

宝拉·里佐承认自己有清单强迫症，因而普通人不必像她一样凡事都列成清单。但是学会清单管理，就能让自己的效率得到提升。

再来看看 Twitter 创始人杰克·多西的 to-do list 与 do-not-do list。

### to-do list（必做清单）

活在当下

接受脆弱

只喝柠檬水和红酒

每天做 6 组下蹲和俯卧撑

每天跑步三千米

每天思考本清单

站直了

打拳击沙袋 10 分钟

跟所有人打招呼

每天 7 小时的睡眠

## do-not-do list（不做清单）

不要回避目光接触

不要迟到

不要指定过高的期望

不要吃糖

周末不喝烈酒、啤酒

杰克·多西说过，他会为自己见过的每一个人建立笔记，做一份详细清单，记录重要事项。看吧，这就是这些高效能人士保持高效率的重要原因。

使用清单的习惯其实由来已久，甚至在几百年前优秀的人士已经开始这么做了。

| | | |
|---|---|---|
| The morning question, What good shall I do this day? | 5 | Rise, wash, and address Powerful Goodness; contrive day's business and take the resolution of the day; prosecute the present study; and breakfast. |
| | 6 | |
| | 7 | |
| | 8 | |
| | 9 | Work. |
| | 10 | |
| | 11 | |
| | 12 | Read or overlook my accounts, and dine. |
| | 1 | |
| | 2 | |
| | 3 | Work. |
| | 4 | |
| | 5 | |
| | 6 | Put things in their places, supper, music, or diversion, or conversation; examination of the day. |
| | 7 | |
| | 8 | |
| | 9 | |
| Evening question, What good have I done today? | 10 | |
| | 11 | |
| | 12 | |
| | 1 | Sleep. |
| | 2 | |
| | 3 | |
| | 4 | |

上面这张图据说是本杰明·富兰克林的每日待办清单。他每天的生活都非常规律，而且严格按照清单执行。

每天早上 5:00 就起床，洗漱、祷告之后，开始规划一天的工作，然后吃早饭。这是 5:00-8:00 的清单内容。

8:00-12:00 属于工作时间；

12:00-14:00 用来吃午饭，阅读，查阅账单；

14:00-18:00 依旧是工作时间；

18:00-20:00 进行工作收尾，开始吃晚饭，听音乐，社交，最后进行一天的回顾；

22:00 之后开始睡觉。

百年之前的人们，实际上就开始运用清单管理生活了。也许他们并不懂得时间管理这些概念，但是在实际工作与生活中已经相当广泛地运用了。

一个人之所以杰出，就在于对时间的有效管理，即在有限的时间内能够完成更多的任务，这就足以让他们超越 80% 的人。通过列清单的方式，可以帮你快速筛选出需要完成的任务；之后你只需按照列表执行即可，不必每一次都花费时间思考了。

通过上面几个案例我们清楚地知道，高效能人士一般都擅长运用清单，并严格按照列表执行任务。

如今大家工作都很忙，每天需要处理的事情很多，思路也总是在不停地变化。同一时间想的事情越多，越容易造成拖延。而有了清单之后，不用费劲仔细琢磨，直接执行就够了，从而省去了很多重新思考的时间。可以说，高效率就是这么来的。

### 1. 清单的作用

很多人没有使用清单，甚至还没有意识到清单的重要性，是因为不了解清单的具体作用，不知道它能够带来什么改变。下面，让我们看看清单到底有多神奇吧。

（1）把事情写下来会提高完成率。

这是真的吗？还有这么轻松的事情？

我想很多人都会产生这种疑问。加州多明尼克大学教授盖尔·马修斯博士做过相关研究，发现只要人们把事情写下来，那么最后完成的概率就会提升 20%~30%。

（2）有助于理清思路。

做事没有头绪是最影响工作效率的，如果准备某事之前没有思路，那么就利用清单将所有想到的事情写下来，然后一项项筛选，划掉没用的，留下有用的。这样思路就会清晰起来，思考也会更有效。

（3）有助于减轻焦虑。

你为什么会焦虑？

事情太多忙不过来呗！

业绩压力太大了！

琐事繁杂记不过来！

……

总之，归结为一个原因：太忙。人一忙就会有压力，一有压力就会出现情绪波动。经常处于焦虑之中，不仅会影响身体健康，还会影响工作效率。

唯有减轻焦虑，才能保持正常高效的工作状态，而通过清单管理就可以轻松实现。

每当你在清单上，无论是 APP 还是纸质清单，写下一项任务之后，潜意识中就会放松下来。因为你不必老是绷着神经想这件事了，到时看看清单或者运用 APP 设置自动提醒，就不会错过这项任务。

当你将一项项任务都写下来之后，是不是瞬间感觉轻松了很多，不用再去试图记住每件事，而只需按照列表执行即可。

此外，每完成一项任务之后，一定要划掉它，这会让你感觉很爽。随着被你划掉的任务越来越多，你的焦虑感也会越来越少。

（4）有助于提升专注度。

前面已经讲过，分心会导致拖延，因此只有保持专注才能更好地提高效率。通过罗列清单的方式，你会很清楚地看到在某个时间段需要处理的某项任务，也就很容易集中精力应对当前任务。

即便任务中断，回来之后看一眼清单，也可以重新进入工作状态。

### 2. 罗列清单的四个步骤

（1）Step 1——写下来。

无论是用 APP 还是纸质表格，先把任务写下来再说，否则你将毫无头绪。一旦完成第一步，那么完成的概率已经提升了 20%~30%。

（2）Step 2——筛选、整理、组织。

第一步写出来的任务可能很乱，毕竟是想到什么就写出什么的，完全不用费脑子。第二步则是筛选—整理—组织的过程，即把那些无效任务删掉，然后分门别类进行整理组织。

组织的关键在于分类，工作、学习、生活，按照具体类别整理好清单，然后分门别类存放。比如将与工作相关的放在抽屉 1，与生活相关的放在抽屉 2，与学习相关的放在抽屉 3。这样一来，一切就变得井井有条了。

（3）Step 3——确定优先级。

可以按照四象限法则确定优先顺序，既紧急又重要、重要但不紧急、紧急但不重要、既不紧急也不重要。据此对待处理事项进行划分，就会很清楚应该将重点放在哪些事情上了。

（4）Step 4——重写一份清单。

按照上述步骤操作，你的清单一定很乱，这样势必会影响效率。这时你需要重新整理一份简洁的清单，一方面可以加深记忆，另一方面也方便使用。

## 第四节　为每项任务设定最后期限

根据领英网站的调查，63% 的专业人士会把待办事项拟成清单。然而同一份调查研究发现，其中只有 11% 的人可以在本周完成列表上的工作。

完成永远比完美更重要，即便你的待办清单写得满满当当，一周之后只完成了 50% 甚至更低，那么依然不能用高效来形容你的工作。

# DEADLINE

当年罗永浩在做锤子手机时,由于过分追求细节的完美,导致产品上市比竞争对手晚了半年。如今,锤子科技的境地大家有目共睹。

市场最讲究快,哪一行都是这样,第一个出来的才最有竞争力,即便产品不是最好的。我们在工作中也要如此,先完成再去强调完美。懒惰是人类与生俱来的天性,也是人类的弱点,所以很多人会存在拖延的毛病,而设置清单就是为了防止出现这种现象。

但是很多时候,清单设置出来了,执行却没那么顺利。这就要求为每一项任务设定最后期限(deadline),这是一种自我施压的方式,可强迫自己完成任务。

小李以前有些自以为是,总觉得自己的上级其实没什么本事,就会拍马屁、做表面工作。后来他跟一位副总出差,和往常一样,具体工作都是由小李来处理,副总只负责交代。所以,小李心里有些不满,或者说是不平衡。

由于这次要去见大客户,需要将各种材料、报告、设计方案都准备出来。如果是平时这些事情都不在话下,用不了多长时间小李就可以完成,但是因为这一次比较重要,小李又想好好表现一番,于是对方案左思右想,始终没有拿出可行性的东西,甚至对有些主题根本没有动笔。

副总找到小李只说了5分钟,就把他彻底说明白了。其大意是,一定要先把方案拿出来,不管是好是坏,有总比没有强。去见客户如果没有方案,即便吹得天花乱坠,没有具体的数据支持，谁会信你？这个时代最不缺的就是想法，能够改变世界的想法每天都有成百上千个，但最终能做成的又有几个？最难的事不是想点子，而是执行直至完成。因此，把东西做出来才是最重要的。

后来，副总给小李设定了最后期限，命令他在某时间前务必交出方案。瞬间小李感到了巨大的压力，同时也充满了干劲，最终没有被压力击垮，而是连夜赶出了方案，虽然这个方案还是有欠缺之处。

这件事给小李感触很深，副总通过给小李设定最后期限的方法，督促他按时完成了任务，足以证明副总的高明，小李也收起了轻视之心。

从此之后，小李在制定任务清单的时候，都会设定最后期限。

很多人存在拖延行为，有时候一犯懒就会往后拖，而最后期限能给人带来一定压力，从而确保任务按时完成。

关于设定最后期限的问题，有几点需要特别注意。

### 1. 最后期限不会加快任务的完成进度

有些人觉得，一旦设定最后期限，就会增加紧迫感，形成压力，从而加快任务的完成进度。实际上，这要因人而论，有些人在压力之下能够成功激发潜能，从而顺利完成任务；也有些人在压力之下就会崩溃，导致工作停滞不前。

小王是一位销售人员，她试图通过最后期限激励自己，却没有效果。

"我要在下班之前完成6位客户的电话拜访！"

由于她平时工作很忙，快下班的时候才想起给客户打电话。

还有不到 20 分钟就下班了，小王很紧张，想要尽快完成任务，但是匆忙拜访，连说什么都没想好，就被好几位客户匆匆挂断了电话。她很快就打完了 6 通电话，但是毫无效果。

小王的最后期限没有提高效率，加快任务的完成进度，反而因为想要匆忙完成任务导致电话拜访的质量下降。

### 2. 最后期限会削弱你的创造力

最后期限是给予驱动力的，而不是创造力；相反，在巨大的压迫感之下，原有的创造力也会受到影响。所以，如果你是一个从事创意工作的人，一定要谨慎使用设定最后期限这种方法。

张鑫是一名文案专员，老板让她下班之前做出一个关于汽车广告的策划案，她想利用最后期限督促自己，于是写到了清单上，告诉自己下班之前务必完成。

不过到了快下班的时候，张鑫的策划案还没有完成。她开始有些着急了，越是急躁越是没有想法，平时思如泉涌的创意突然之间枯竭了。结果，她不得不加班到很晚才想出了一个还算不错的点子。

张鑫通过最后期限给自己以紧迫感，但是在压力之下限制了自己的创造力。

那么，在什么情况下应该利用最后期限呢？

- 目标明确
- 目标较大
- 感到忧虑
- 注意力无法集中

### 目标明确

在目标明确的前提下，可以使用最后期限。如果你只有一个模糊的目标，则设立期限是没有意义的。

例如："我要夺得本月的销售冠军。"

你的目标明确，那么这个月的最后一天就是你的最后期限，在此期间你会努力工作获得更多业绩。

### 目标较大

一般来说，比较大的目标需要设立时间期限。因为大目标耗时较长，很容易出现延误的情况，将其划分为若干个小目标，并设定最后期限，将有助于提高效率。

### 感到忧虑

有时候任务比较困难，我们就会习惯性忧虑，认为很可能做不好而无法完成。这时候你需要通过最后期限增加紧迫感，从而立刻开始行动。忧虑不会解决问题，但行动可以。

### 注意力无法集中

如果你经常分心，很难将注意力集中在一个目标上面，就需要通过设定最后期限把你拉回正轨。

## 【APP实战】待办清单的分类、拆分与细化

个人认为，待办清单最高效的使用方式就是与 APP 相结合。目前有两款比较好用的 APP，分别是奇妙清单与滴答清单，我

们这一节以奇妙清单为例进行讲解。

本节的重点是待办清单的分类、拆分与细化三个部分。这三个步骤完成之后，你的待办清单就会变得非常清晰，执行效率也会提升。

在介绍之前，还是先来看看这款 APP 的具体应用。

奇妙清单是一款功能强大的时间管理软件，尤其适合计划管理。首先进入官网：https://www.wunderlist.com/zh/。

我们以网页版进行介绍，单击"创建免费账户"。

注册之后，开始奇妙清单之旅。

这里选择的是【工作】与【私人】两项，进入主界面。

建立名为"2016.10.13"的任务清单。

双击任务，右侧出现明细，进行具体设置，添加子任务。

```
☐  2016.10.13                         ☆
☐  9:40-10:00 回复电子邮件
☐  10:00-10:20 与美术教授联系
☐  10:20-11:00 思考重点选题
☐  11:00-13:00 约客户吃饭
☐  13:00-13:20 阅读行业资讯
☐  13:20-14:00 作者答疑时间
☐  14:00-15:00 处理合同事项
☐  15:00-15:20 核对账务
☐  15:20-15:40 催款、沟通
☐  15:40-17:00 策划选题
☐  17:00-18:00 与作者沟通，监督进度
☐  18:00-19:20 写作时间
☐  19:20-21:20 晚饭社交时间
☐  21:20-24:00 休闲、阅读
+  添加子任务
```

上述步骤操作非常简便。在某项清单设置完毕之后，接下来按照分类、拆分、细化三个步骤进行讲解。

### 1. 分类

每一天的待办清单都有这么多项任务，即便是严格按照时间进行，也会因为偶尔的突发事件而耽误进度。比如我曾接到了一个客户的电话，是一位律师，喜欢滔滔不绝讲个没完。他想找人写一本类似吴晓波《大败局》的作品，听到这个要求之后，我的第一反应就是这是一位无效客户，他的要求我很难满足。然而，我虽然很清楚高效接打电话的原则，但对于客户来说显然是无法使用的，所以只有等他们挂断。

这个电话占用了我30分钟的时间，于是我一天的计划都被打乱了。因为我是按照最高效的工作状态设置的任务，被耽误的30分钟只有通过加班来弥补了。这样的情况很常见，因为每天会有很多作者不定时地咨询。为了不影响思考，我都会把需要费脑子的任务放在一个相对清净的时间，而这也是根据以往经验选出来的时间段。

现在每个人的工作都非常忙碌，突发事件司空见惯，一方面你需要预留出应急时间，不要像我一样把每天的时间排得那么满。另一方面就是要学会将任务分类，可以按照四象限法则进行，分为ABCD四类。这样一来，你就不会错过那些重要事项了。

如果没有时间，则可以舍弃那些次要事项，等到空闲时间再去处理，或者索性舍弃掉。在实际工作中，一定要清楚二八法则，即20%的工作任务决定了80%的工作绩效，而任务分类就是为了找出20%最重要的事情。

以"2016.10.13"这张任务清单为例，按照四象限法则进行分类。

■ 重要且紧急的事项

### 第五章 TO-DO LIST 与执行方案

■ 重要但不紧急的事项

■ 紧急但不重要的事项

■ 不紧急也不重要的事项

以上分类采用的是四象限法则，实际上还有更多分类方法，例如，可以按照工作、私人，或者按照常规任务、基础任务，或者是会谈任务、管理任务、文案任务等。根据自己的工作性质划分就可以，目的就是将那些重要任务找出来。记住，每天只有 20% 的任务是最重要的，且必须完成，因为它决定了 80% 的业绩。按照这个法则进行，工作效率就会有保证。

### 2. 拆分

拆分的目的是化繁为简，当面对困难的任务时，一时间会没有头绪，从而阻碍进度。如果学会拆分任务，相当于将一个大目标分解为几个小目标，那么处理起来就会简单得多。

我们以"思考重点选题"这项任务为例，突然看到这项任务会无从下手，这就需要进行任务拆分。可分成几个小任务：

（1）重点选题的范围；
（2）具体方向；
（3）备选书名；
（4）具体策划；
（5）确定作者；
（6）版式设计。

按这个思路进行拆分之后，任务难度就会降低很多，工作也更容易入手了。

### 3. 细化

任务细化，实际上就是具体如何展开工作。例如"与美术教授联系"这件事，时间、地点、商谈内容……这些都是任务细化，目的就是让你在看到清单后，不用再多费脑子，直接执行就可以了。

细化每一项任务的时候，可以将具体内容写在备注栏，这样看到清单就可以直接执行了，非常简便。

## GTD五项原则

通过奇妙清单创建任务很容易，关键要了解具体原则，这才是实现高效的前提。在做计划时,一定要符合 GTD(get things done,把事情做完)的五项原则:收集、处理、组织、行动、回顾。

下面结合奇妙清单具体进行讲解。

(1)收集。收集一切未完成事项,整理成一张"待办清单"。

- ☐ 完成选题策划
- ☐ 完成每日既定写稿任务
- ☐ 对账
- ☐ 制定明日计划

(2)处理。由于精力有限,所以在处理事项时要采用二八法则与四象限法则,先处理紧急且重要的事项,时间允许的话再去处理其他待办事项。

(3)组织。简单的待办事项,例如,【对账】一目了然,直接行动即可。而【制订明日计划】则需要具体思考、组织,否则就会无从下手,导致拖延。

(4)行动。组织之后,日程变更如下。

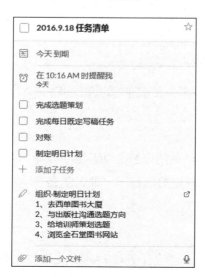

这是第二天的行动计划。为了确保任务被执行，可以设置提醒与具体时间，例如：

9:00 动身前往西单图书大厦；

13:30 与出版社主编沟通选题方向；

15:00 培训师想要写书，与他们商量选题方向；

17:00 下班之前浏览台湾图书网站，借鉴一些有新意的内容。

这样看上去任务就变得十分清楚，会让具体执行轻松很多。

（5）回顾。下班之前回顾一天的工作，在奇妙清单上划掉已经完成的任务。

顺利完成任务，第二天重复上述五步。养成习惯，你的效率就会有所提升。大脑是用来创新的，所以不要让记录事件耗费你的脑细胞，把这些工作都交给奇妙清单这类时间管理APP，而你只需要拿出手机，随时随地查看即可。

# 第六章 会做计划的人效率都不会太差

Chapter 6

## 第一节 没有计划的人都是在瞎忙

下图是瞎忙族与高效能人士的对比，很多人每天忙得晕头转向，结果效率却不高，而他们自己也在抱怨，为什么忙碌反而低效。

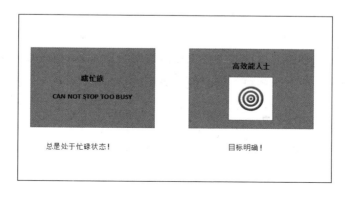

第六章 会做计划的人效率都不会太差

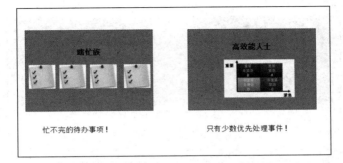

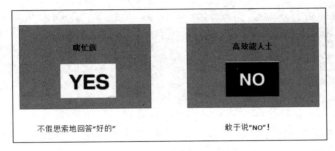

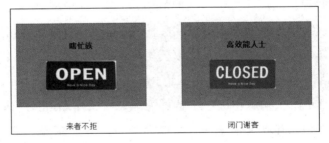

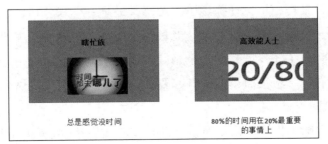

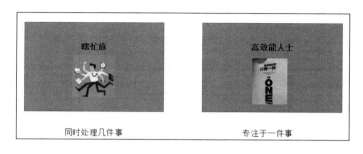

| 瞎忙族 | 高效能人士 |
| --- | --- |
| 同时处理几件事 | 专注于一件事 |

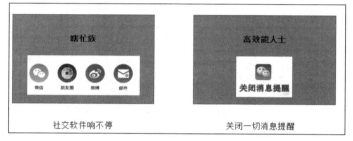

| 瞎忙族 | 高效能人士 |
| --- | --- |
| 社交软件响不停 | 关闭一切消息提醒 |

小贾是公司前台兼客服,每天工作非常忙,尤其是快到下班的时候,飞快的打字声响彻整个办公室。在外人看来,很可能会以为她有多么能干。可实际情况是,小贾确实很勤奋,但是工作效率并不高。她在这家公司做了5年,职位、薪水从来都没涨过,自己也经常怨声载道。

难道是公司太抠门?了解了情况之后我才知道,原来从领导到老板对她都早有意见,要不是看这个小姑娘属于老员工,又比较勤奋,早就开除她了。她每天最早一个来公司,最晚一个离开公司。刚上班那会儿老板非常高兴,对她寄予厚望,然而时间久了才发现,这个小姑娘做事不动脑子,而且一点效率都没有。一项很简单的任务,要么办砸了,要么反复做几次才能完成。

实际工作中,像小贾这样的员工其实有很多。《生命时报》

曾经在网上针对 1 500 余人进行过调查，结果显示，52.2% 的人表示"太忙了，几乎没时间休息"，56.6% 的人会习惯性地问朋友"最近你在忙什么"，38.4% 的人表示每天几乎没有休闲时间，32.1% 的人表示不知道都忙了什么，就是觉得没时间。

在这些忙碌的人群中，又有多少人属于高效能人士呢？从打工者与管理者的比例就可以轻松推算出，这些人中绝大多数都是在瞎忙，消耗着时间却不能产生相应的工作效率，所以一直从事基层职位。

我们来看一则故事。

曾经有一位小和尚，每天十分勤奋，从早忙到晚，比其他师兄弟都要忙碌。他坚持了一阵子，有时候因为睡眠不足眼圈都黑了，可是发现自己依然没有取得任何成就。

一日，他终于忍不住了，于是去找师父请教："师父，我这么努力，为什么如今依然毫无成就呢？"

老禅师让他把平时化缘的钵拿来，又让他拿几个核桃装满钵。

小和尚不明白，拿来一堆核桃放进碗里，把整个碗都装满了。

这时老禅师问道："你还能拿更多的核桃往碗里放吗？"

"装不下了，碗已经满了。"

"真的满了吗？你去再捧些大米过来。"

小和尚又捧来了一些大米，沿着核桃的缝隙把大米倒进碗里。这时他意识到，原来碗还没有满。

这时老禅师又问："那现在满了吗？"

"现在满了。"

"你再去取些水来。"

小和尚又去拿了一瓢水往碗里倒，在少半碗水倒进去之后，这次连缝隙都被填满了。

　　老禅师接着问："这次满了吗？"

　　这回小和尚不敢回答了，他不知道还能往里面放进什么东西。

　　老禅师笑着说："你再去拿一勺盐过来。"

　　盐化在水里，而水一点儿都没溢出去。

　　小和尚若有所悟。

　　老禅师把碗里的东西倒了出去，腾出一只空碗。他边倒边说："刚才我们先放的是核桃，现在我们倒着来，看看会怎么样。"

　　老禅师先放了一勺盐，再往里倒水，倒满之后，再放大米，可是碗已经满了，水开始往外溢了。老禅师问小和尚："现在碗里还能放得下核桃吗？"

　　老禅师继续说："如果你的生命是一只碗，当碗中全都是这些大米般细小的事情时，你的那些大核桃又怎么能放得进去呢？"

　　听到这里，小和尚彻底明白了。

　　非常有哲理的小故事，我们这么忙、这么拼，就是为了实现自己的目标，过上更好的生活。可是如果我们将大部分时间都放在琐碎无价值的小事上，那么工作效率可想而知，目标也不会实现。

　　这就是很多人的工作状态，一直在瞎忙，既受累，还没有效果，白白浪费了时间。这些人最大的问题就是不懂时间管理，缺少计划。

　　如果能够制订出一份高效的计划，并且顺利执行，那么效率一定不是之前的样子。有计划的人，从此就会告别瞎忙的状态，因为他们知道自己该做什么，也知道自己做什么才能让效率最大化。因此，拒绝瞎忙，从制订计划开始。

## 第二节　从"1"到"5"，玩转高效计划表

这里的"1"指的是每日工作计划，"5"指的是每周工作计划。

### "1"——每日工作计划

我在拖延症一书中讲过，设置计划期限不宜过长，尤其是对于拖延症患者。我没做过统计，但是不难想象，做事拖延的人，如果给自己设定了一份年度计划，那么实现的概率肯定不会太高。因为期限太久，势必会影响完成率。

所以我一直比较看重日计划与周计划，而长一点的话可以做月度计划。这三项都是很重要的，如果可以按计划执行，久而久之效率一定会提高不少。

先来看看每日计划，如今大部分人都在瞎忙，每天处于忙碌却低效的工作状态，因而如何高效地安排一天的时间是很多人关注的问题。要想提高效率，就必须改变这种状态。首先需要解决的问题不是制订计划，而是了解自己的时间都浪费在哪里了。

随着智能手机的普及，各种社交类 APP 的流行，在方便工作的同时，也影响着很多人的工作效率。可以说，用好这类 APP，将有助于工作效率的提升。然而如果被其影响，则会在

很大程度上影响工作效率。

当你正在处理某项工作的时候，QQ突然响了，聊上几句，回过头来发现思路全都没了；没过一会儿，你就想刷一遍微信朋友圈，看看那些明知道与你无关的、所谓的朋友们的动态；突然又想刷微博了，顺便再看看世界上都发生了什么……你的时间就这样没了，然而你的任务却没有完成。

很多低效能人士的时间就是这样被浪费的，这也是他们一直从事比较尴尬职位的原因。不努力的人是没有机会的，这些人心里清楚所以认了。然而，想得到提升却没有方法的人是可怜的，尽管努力最终还是一无所获。对于这样的人来说，一定要学习正确的方法，努力提高工作效率。

社交类APP是最容易让人分心的，并完全将我们的时间碎片化了，比如不停地刷朋友圈、看几十个群的消息，从而很难集中精力处理工作。这些人可以给自己设定一个15分钟的强制时间，利用15分钟制作一天计划。如果你连15分钟都无法专注，也就不要奢望提高效率了。

在开始制作计划之前，问自己几个问题。

（1）为什么要写每日计划？

——如果没有计划表，每天就是混乱的，想起什么做什么；

——做事没有优先级，下班之前才发现重要的事一件都没做；

——合理安排每件任务所需的时间。

（2）如何制订每日计划？

——预留15分钟专注时间，只为思考每天要做哪些事；

——下载一款时间管理的APP；

——80%的时间用来处理20%最重要的任务；

——为计划中的每项任务设定完成时间。

按照上述步骤执行，一份简单的每日计划表就设计出来了，之后更为重要的事情就是落实，毕竟没有行动，一切都是空谈。

不习惯使用 APP 的人，也可以通过手写记录，你需要一支笔、一个本子，甚至只是一张便笺纸，就可以写下今日的重要任务。

很多人喜欢用手账进行记录，这也是一种不错的方式，既高效又有新意，如下图所示。

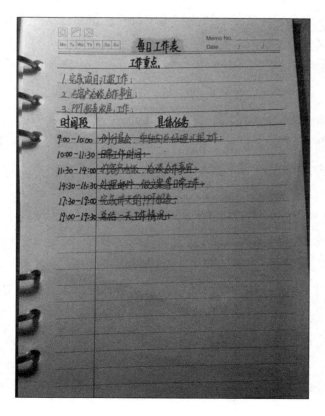

把每天的工作记录在笔记本上,一目了然,完成之后划掉即可。

## "5"——每周工作计划

每周工作计划的制订遵循同样的原则,但需要注意根据自己的工作状态、节奏进行设定。下面以谷歌产品经理 Dillon 的一周计划为例进行讲解。

Dillon 是谷歌的产品营销经理,对每周的工作安排有自己的独到见解,他认为周一不适合安排太多任务,因为刚刚度过周末肯定会感到疲乏,那些如设定目标、组织规划等费脑力的工作都不建议安排在周一。

周二和周三则是精力最充沛的两天,已经进入了最佳工作状态,建议安排最费脑力的任务。

周四能量开始衰退,建议进行一些会议安排,讨论工作等。

周五则是能量最低点,心也开始散了,无法集中精力,可以用来做无固定期限的工作,例如任务规划、人际关系建设等。

按照 Dillon 的思路设计一周时间规划,这里只需把每天最重要的工作任务列出来即可,详细计划可以通过每日计划表完善。

周一:该收收心了,回来干活,可是状态不好怎么办?那就做一些不费脑力的工作吧。

开会:虽然我知道大部分会议都是无效的,但是总结上周情况,展望这周目标还是可以的。

处理邮件:邮箱里躺着那么多封未读邮件,趁着今天有空,好好整理下。

约客户：约客户吃饭，打电话联络感情。

关键词：开会、处理邮件、约客户

周二、周三：工作状态回来了，我又该进入"超人模式"了，这两天专心处理那些复杂的任务。

推广产品、撰写宣传文案、构思剧本、跟进大客户，这些任务并非一朝一夕可以解决的，趁着思路清晰尽可能多做一些。

关键词：推广产品、撰写宣传文案、构思剧本、跟进大客户

周四：经过三天的高强度工作，能量开始衰退，精力有些跟不上了，又到了会议时间。

正如我所说，大部分会议都是无效的，无论是大公司还是小公司，都存在这样的情况。反正也要开会，正好利用周四进行调节，组织团队成员一起讨论，顺便跟每一位成员私下交流，也是不错的选择。

关键词：开会、小组讨论

周五：又到周末了，心都散了，明天约了朋友出游，现在根本无心工作。

这样的状态很常见，既然无法避免分心，那么就做一些适合的工作吧。做做规划，把下周的计划表做出来；跟客户、上下级多沟通，保持互动；整理办公桌。

关键词：制订下周计划、人际关系建设、整理办公桌

Dillon 一周的工作计划表如下。

| (日期) | 计划内容 |
|---|---|
| 星期一 | 开会<br>处理邮件<br>约客户 |
| 星期二 | 产品推广<br>撰写宣传文案 |
| 星期三 | 构思剧本<br>跟进大客户 |
| 星期四 | 开会<br>小组讨论方案 |
| 星期五 | 制定下周计划<br>人际关系建设<br>整理办公桌 |

周计划的作用在于,将一个相对长期的任务分解成若干小目标,每天列出几项重点任务,有助于整体把控工作进度。

## 第三节　利用目标倒推法制订计划

所谓目标倒推法,就是先设定一个终极目标,然后根据终极目标逐步确定每一个阶段的具体目标,注意每一个目标都比上一阶段的目标更小。

在讲解具体方法之前,先来看一个故事。

一位19岁的美国女孩对音乐抱有极大的热情,业余时间几乎全都用在了音乐创作上。突然有一次,她的一位朋友问道:"五年之后你希望做什么?"

女孩想了一会说道:"五年之后我要以音乐为生,还要出一张大卖的专辑。"

朋友听后开始津津乐道地分析这个目标:

假设第五年你要在市场上发行一张专辑,先不管卖得如何,那么第四年一定要找到一家唱片公司签约;

而第三年就需要拿出一张完整的专辑作品了,这样才可以拿给很多唱片公司听;

第二年就要有一两首很棒的作品开始录音了;

那么第一年,就要对所有准备录音的作品进行编曲;

第一个月就要把目前这几首曲子做完;

第一周也就是这一周,你知道该做什么了吧?

听完朋友采用目标倒推法的分析,女孩毅然辞去了现在的工作,开始了追逐音乐梦想的旅程。

和所有励志故事一样,五年之后也就是第六年的时候,女孩成功发行了一张很受欢迎的专辑并且从此走上了音乐之路。

这只是一个故事，女孩的朋友就是采用的目标倒推法，帮助她演绎了一遍未来五年的人生路线。

目标倒推法可以用在生活、工作等很多方面。很多企业也习惯使用目标倒推法，先设定一个终极目标，然后以倒推的形式设定每一个阶段的目标。2001年的时候，蒙牛集团就是这样做的，他们提出了一个"五年计划"，当时总裁牛根生将2006年的销售目标锁定为100亿元。

这个计划一出来，所有人都感到不可思议。因为从蒙牛集团当时的业绩来看，在5年内完成100亿元的销售目标简直是天方夜谭。

然而做计划的神奇之处就在于此，既然有了目标，就要拿出相应的执行方案。蒙牛集团列出了以下几个问题。

牧民的奶牛从哪来？

企业的厂房从哪来？

市场到哪里去开发？

……

问题列出来之后，根据具体情况，按照目标倒推法，将这些任务分别分配到每一个阶段。这时大家的思路就清晰了，再看5年100亿元的销售目标，觉得并非不可能完成的任务。

5年的时间很快过去了。到了2006年的时候，蒙牛集团的销售总额达到了162亿元。

从这个案例中，我们可以看出使用目标倒推法制订计划的重要性。当人们只能看到一个大目标的时候，会觉得非常困难，难以完成。然而，如果分解成一个一个小目标，并且先去解决复杂的任务，再去处理简单的任务，这样执行起来的难度就会大大降低，执行的意愿也会更加强烈。

不过个人认为，目标倒推法并不适合拖延症患者，因为过于远大的目标、计划，相对于这类人来说都是阻碍，在消除拖延行为之前，这些人更适合采用每日计划或每周计划。也就是说，先处理好眼前的事。

而真正的高效能人士，则完全可以通过这种方法制订计划。因为他们的意志力较强，且更具恒心，只要计划合理，每阶段的难度适中，就完全可以执行下去。

以年度计划为例，采用目标倒推法该如何设计呢？

**年度计划→季度计划→月度计划→周计划→日计划**

这样再看，思路就清晰很多了。逐一完善各阶段的具体计划，执行难度就降下来了。

有时候不是因为目标太难，而是因为实施的计划没有细化。那么，如何利用目标倒推法制订具体计划呢？

（1）设定终极目标。目标的设定也很有讲究，不能拍脑袋就随便想一个，一定要符合 SMART 原则，而且是非实现不可的目标。

（2）分析自身的优势与劣势，重点在于找出那些阻碍自己实现目标的障碍。

（3）按照从难到易的顺序列出各阶段目标。

（4）细化各阶段目标。

（5）为每一个阶段的具体任务预估时间。例如第一阶段需要 30 天，每天需要完成 5 项任务。

（6）按照具体任务清单执行。

熟练运用目标倒推法制订计划，你会发现之前很多不可能完成的任务已经没有那么困难了。遵循从难到易的原则，按阶段完成目标，还可以在很大程度上提高效率。

## 【APP实战】利用思维导图制订工作计划

思维导图是非常好用的时间管理工具，也是一种放射性思考的方式，类似树状结构的有效思维模式，适用于记忆、学习、思考等领域，利于思维的发散展开。目前，思维导图已经在全球范围内得到广泛应用，是世界500强企业常用的一种方式。

根据思维导图制订工作计划是目前非常流行的时间管理方式，所有重要项目在一张平面图上展开，一目了然，对于提升效率很有帮助。

由于思维导图具有很强的引导思维发散的功能，在做计划的时候能够引申出很多当时没想到的任务，因而非常实用。

很多人会问：思维导图可以做什么？它的用途还是很广泛的。

（1）列计划：通过思维导图将待办事项罗列出来，这是思维导图最基础的功能，也是最常用的功能。

（2）写提纲：在策划方案、撰写论文或者制作PPT时，都可以利用思维导图来罗列提纲，这样有助于理清思路。

（3）读书笔记：利用思维导图制作读书笔记也十分普遍，将一本书的整体结构勾勒出来，读起来就能够很好地提高效率了。

（4）整理资料：每天的工作中都会用到相当庞杂的资料，而找资料是一件很浪费时间的事。通过思维导图，可以将有用的资料在短时间内罗列出来，一目了然，非常方便。

（5）帮助记忆：当你在看一篇复杂的文章时，由于内容众多，重点不突出，逻辑不明显，要想读懂就必须反复阅读，非常消耗时间。通过思维导图的方式罗列出重点信息，会更直观，逻辑性更强，记忆起来也就更加轻松。

思维导图与普通的清单比起来优势很明显，能建立多级任务，还能添加批注、在任务间建立联系，既能体现逻辑思维，又不会出现混乱。

那么，如何制作思维导图呢？可以自己画，也可以通过软件完成。如果你的绘画水平不错，可以自己画，这样更有成就感，同时也更有助于思路的涌现。作为初学者，还是建议通过软件完成，下载一个APP，就可以轻松上手。

在此介绍一款名为"3A思维导图"的APP，下载之后点击进入注册页面。

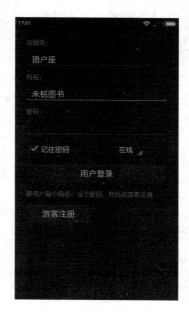

点击"游客注册"选项快速完成注册之后,进入主界面。

在界面下面有一个新建任务选项,进入界面之后,设定任务名为"一周工作计划"。之后你会在最底下看到一排按钮,点击【同级】开始制作思维导图。

点击【同级】图标开始制作思维导图。

分别点击【同级】图标,输入周一至周五的导图选项。

完成之后点击【下级】图标，制作第二级任务。

我从每天的具体任务中找出了三件最重要的事情，以此作为例子讲解。每一级任务写完之后，如果还有分支，点击该任务，然后点击【下级】图标，就可以继续延展，直至做出完美的思维导图，非常简便。

该 APP 还有一些其他功能，相信各位手机玩家很快就能够上手，将各种功能玩转。我们在此不做赘述，目的是教给大家掌握具体方法。另外，对于初学者来说，在运用思维导图的过程中，还有一些小窍门。

（1）思维导图的制作要遵循从易到难原则。使用思维导图，是为了提高效率，而不是为了将图表做得多么复杂、多么好看。很多人在最初使用时都会进入这样的误区，一味追求图表的繁杂、美观，实际上过于复杂的图表很可能超出了自己的理解能力，反倒造成拖延。

（2）学习高手的思维导图。很多时间管理高手都善于运用思维导图，他们的图可能有些复杂，但是并不妨碍学习其中的经验，关键是他们的思考方式、具体思路，这样能更快提高。

（3）多用。看得再多也不如自己实际操作，很多事都可以利用思维导图完成。下载一款 APP，然后多多练习，例如，制作每天的工作计划、制作阅读笔记、下班之后的休闲计划等。只有熟能生巧，在练习的过程中才能掌握技巧，最主要的是开阔思路。

# 第七章

## 你的时间是整理出来的

Chapter 7

## 第一节 你的办公区看上去像个垃圾场吗

很多人认为办公区域与时间管理毫无关系,实际上杂乱无章的办公环境会在很大程度上影响工作时的心情,进而影响办公效率。

无论是格子间还是独立办公室,每天斗志高昂、充满激情地走进来,看到的是一番凌乱的景象,心情肯定顿时低落至谷底,工作也会提不起精神。

此外,杂乱无序的办公桌面,想找一支笔都需要花费5分钟,这样的效率怎么能成为高效能人士?

一个简洁的办公桌,完全可以营造出好心情。把那些文件、订书机、各种笔、手机等都"藏起来",比如可以放在抽屉里,所谓"眼不见心不烦",当你的桌面变得简洁一新时,心情就会舒服很多,也就可以专注于工作了。

桌面如此,办公室也是如此。如果是身处寸土寸金的一线城市,想必多数人的办公室都不会太大,在有限的空间内尽量做到简洁干净,将没用的东西都以"断舍离"原则处置。照这种方法去做,效果就会大不同。

简洁是最简单的处理方法,如果你平时要用到的文件、办公用品很多,那么就需要进一步分类存放。因此,你需要了解一些办公区域的整理技巧。

这一节将会介绍很多办公区整理的相关技巧,挑选适合自己的设计自己的区域吧。

### 1. 杂物断舍离

办公区域的杂物该扔就扔。在整理方面颇有心得的近藤麻理惠表示,当书柜藏书量远远超过需要阅读的数量时,就需要扔掉一些，而只留下那些让你怦然心动的书。同理，在收拾办公区域时，也可以采用这种方法，该扔掉的绝不留。

断舍离的原则是：现阶段用不到的东西都扔掉，或者隐藏起来，放到柜子里或者拿回家。定时整理纸质化文件，尽可能实现数据电子化，如果是合同这类，一定要定期整理，很多无效文件没必要占用空间。另外，无效文件查找起来浪费时间，办公区域内只留用得到的文件。

### 2. 简洁桌面原则

桌面整洁至关重要，直接影响着工作心情。因此除了必需品，其他物品一律收纳至抽屉里。极简配置是一台笔记本，一支笔，一部手机。

### 3. 物品摆放的四象限法则

物品摆放也可以遵循四象限法则，只需稍微修改一下即可。原法则如下。

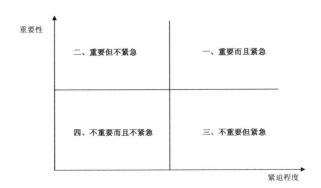

修改后如下。

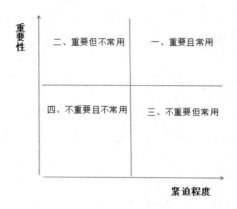

按照以上原则摆放物品,效率就会提升很多。

### 4. 常用工具可视化

对于每天需要用到的文档、文具等内容,要使之可视化。也就是说,要放到一眼就能看到的地方,以减少寻找时间。

### 5. 电源线收纳

电源线、网线杂乱不堪,堆积在办公桌底下,让人看着心烦;而且还可能因为不小心踢到导致断网、断电,如果刚巧赶上文件没保存,那么就白忙活了。可以用胶带、绳子之类将这些线捆好,甚至是卫生纸卷的芯都可以用来整理各种电线。

### 6. 收纳盒的运用

收纳盒绝对是好东西。办公区域面积有限,如果你的东西过多,那么就要多利用收纳盒,将一些零碎的物品收集起来。收纳盒不仅实用,而且还能起到装饰作用。

以桌面收纳为例,只需要三件东西——笔筒、茶盒、文件包,就能收纳很多杂物。试想,如果你的桌子上摆了一堆笔,然后各种茶叶包、文件也散落一角,你还有心情办公吗?

### 7. 收纳 7 分满原则

对于办公区域的收纳,最好采用 7 分满原则。例如办公桌,如果放得满满当当,就会造成无形的压力,7 分满,有空余,这样看着会更舒服一些。

### 8. 简单装饰与明亮色彩

为了让办公区域更加赏心悦目,可以选择一些装饰品,比如绿植,好看又养眼。另外也可以选择一些色彩明亮的文具,这样会很好地提升情绪。对于常用的、重要的文件,选择放在色彩鲜艳的盒子里,能够起到提醒的作用。

### 9. 统一风格,切忌花哨

对于办公区域的装饰,最好有统一的风格,不要设置得过于花哨,否则会让人眼晕。

### 10. 每日打扫办公室

如果你的办公室没有专人进行打扫,那么就养成上班之前、下班之后简单打扫的习惯。这样每天早上都会有一个干净的办公环境等待你。

### 11. 养成归纳习惯

正式开始工作之前,一天工作结束之后,只用 5 分钟简单整理收纳,你的办公区就会与众不同。这是一种好习惯,也会向同事、领导传递出一种积极的工作态度。

### 12. "PDCA"原则

解决：Plan（计划）→ Do（执行）→ Check（回顾）→ Action（改善）。

"PDCA"原则是为了检查与回顾，以免下一次再犯同样的错误。很多比较随性的人，即便按照上述原则整理好办公室，过几天也会弄乱。因此，按照"PDCA"原则检查，就会时刻提醒自己，不要犯同样的错误。

## 第二节　高效能笔记整理术

工作笔记的整理非常重要，善于运用各种高效笔记术，能够达到事半功倍的效果。在这里我们介绍几种比较实用，使用比较多的笔记术，分别是：康奈尔笔记法、关键词笔记法、子弹笔记法、思维导图笔记法。

由于每一种笔记法需要讲解的内容较多，本节只介绍重点，感兴趣的朋友可以进一步了解。我的另一部作品《手账哲学》中单独设有一章，讲的就是笔记术，大家可以读读。

### 1. 康奈尔笔记法

先看康奈尔笔记法，这种方法因出自康奈尔大学而得名，实际上更为人知的是另一种叫法——5R 笔记法。

5R笔记法是记与学、思考与运用相结合的有效方法，包括记录、简化、背诵、思考和复习五步。

这5步是该笔记法的关键，分别如下。

记录（Record）。在听讲或阅读过程中，将重点内容记录在主栏（右栏）。

简化（Reduce）。会后及时将记录内容简化，写在副栏（左栏）作为提纲，也称为回忆栏。

背诵（Recite）。把主栏遮住，只看副栏的摘要提示，尽量叙述会上提到的内容。

思考（Reflect）。通过对会议内容的理解，总结出对自己有用的内容，比如之前讲到的，涉及自身的【与我相关】【我的目标】板块，将这些内容放在总结栏。

复习（Review）每周花十分钟左右时间，快速复习笔记，通过副栏的摘要，回忆出主栏的具体内容。

下面通过案例具体学习5R笔记法。

某公司周一例行会议，老板在台上讲话，员工利用5R笔记法迅速记录。

第一步记录，总结出重点内容记录在主栏（右栏）。

业绩不好，老板发飙了；

销售部开始实行末位淘汰制，三个月不开单自动走人；

业务员底薪降至2 500元，提成提高1个点；

创意部进行评比，每月刷掉一个人转做文员；

公司下半年业绩至少上升20%，否则取消年底双薪。

第二步简化，做成提纲写在副栏（左栏）。

压力

我该如何完成业绩指标？

如果完不成面临转做文员的风险；

销售部的同志们倒霉了。

第三步背诵，由于内容不多，且形势严峻，涉及自身利益，很快就记住了。

第四步思考，我是策划部专员，隶属于创意部，整个部门将实施末位淘汰制，如果是最后一名就会被调去当文员，这太没面子了。如果到那一步我肯定离职了，死也不会转部门，所以接下来我得拼了，多看多学多出创意，以免沦落到最后一名。

第五步复习，每周都翻看手账，给自己施加压力。近期销售部同仁一个个被开，我要还想在这里混，就必须更拼才行。

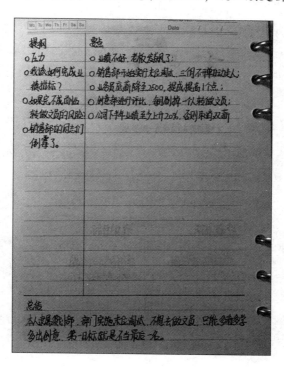

### 2. 关键词笔记法

关键词笔记法，指的是通过记录关键词，回顾之前记录内容的方式。这很好理解，一般工作笔记的记录内容会很多，逐一阅览一遍很费时间，如果提炼出相应的关键词，那么一下子就可以想到记录内容了。

使用关键词笔记法，还需要掌握一些设定方法和原则。

（1）注意力集中。经常分心的人可采用与其他时间管理方法相结合的手段，例如通过设定番茄钟找出某篇文章的关键词。25分钟一个番茄钟，阅读一篇几千字的文章并找出关键词应该不成问题。通过这种方式提高注意力，渐渐加快阅读速度，缩短番茄钟时间。

（2）关键词带出关键句，关键句带出整篇内容的大意。

（3）关键词要有索引、提示的功能，从而引出对文章的全部记忆。

（4）关键词要能够激发想象力和联想力。

（5）避免抽象、范围过大的关键词，例如"美好""全稿"。

（6）关键词要有特殊性，有色彩，有感觉，容易想象，能在脑海中留下深刻印象的才可作为关键词。

### 3. 子弹笔记法

子弹笔记法由纽约设计师 Ryder Carroll 所创，又称为快速记录法，通过简单易学的系统，解决任务的收集、排程问题，并建立有效的索引系统。

之所以叫作"子弹"，就是要快准狠，每一颗子弹就是列在手账上的一项任务，不要多余的描述，做到精准记录。例如，"撰写销售报告""拜访客户"。

利用子弹笔记法,主要是为了确定最重要的任务,淘汰不重要的事项。需要注意的是,使用定页做手账的情况,需要留出第一页作为目录索引;如果使用活页,就无所谓了。

### 4. 思维导图笔记法

思维导图绝对是非常好用的时间管理工具,最早出现于20世纪60年代,由英国著名心理学家东尼·博赞通过对达·芬奇的笔记以及各种脑力资料的研究发明而来,成为一款开创性思维工具。此后,思维导图被陆续应用到各个领域,如项目管理、读书笔记、日程安排、商业计划等。

(1)利用思维导图做笔记,具有以下优势。

① 篇幅小。内容都是经过加工提炼而成。

② 可视化。笔记内容一目了然。

③ 结构清晰。定好一个中心主题之后,进行层级扩散,笔记内容会更直观地呈现出来。

④ 便于记忆。有助于快速掌握核心内容。

⑤ 深入思考。由于思维导图的结构已经建立,当有新的内容时填入导图之中即可,有助于比较之前的内容,以便进一步思考。

⑥ 避免重复写作。避免了重复写作,也就避免了重复思考。

(2)设计思维导图时,可以遵循以下7个步骤。

第一步,确定主题,放在正中央的位置;

第二步，确定【关键字】，写在【核心主题】的位置；

第三步，由核心主题向外扩张出副主题；

第四步，每个副主题都有几个主要分支；

第五步，每个分支都用一个关键词表达；

第六步，尽量为每个概念配图，让笔记更加形象化；

第七步，多使用符号、颜色、文字、图画和其他形象。

按照上述 7 个步骤，就可以设计出一份简单高效的笔记记录了。

以上是几种比较常用而且高效的笔记整理术，熟练掌握并运用，对提高工作效率有很大帮助。

## 第三节 海量邮件整理技巧

每一天我们可能都会收到大量的电子邮件，如果没有高效的邮件管理技巧，那么在这上面耽误的时间就会很多。我就见过有些员工，用一上午时间去处理电子邮件，而实际上有效邮件只有不到 20%。也就是说，30 分钟就能完成的工作，他们却整整浪费了一上午时间。

芬妮就是这样一个女孩，她是做行政工作的，每天都是最晚一个离开公司的。如果你以为她是工作狂就错了，因为她把大部分时间都浪费在处理邮件上，导致其他工作无法完成，每天必须加班才能做完既定工作。

每天早上一来到公司，芬妮就比谁都忙，一边吃早点，一边查看邮件。看着一封封邮件，她似乎有一种兴奋感，除了广告与垃圾邮件，几乎每封必回。实际上，这些邮件很多都是与工作无关的私人邮件；剩下那些工作邮件，也有80%是没必要回复的。但是对于芬妮这位邮件狂人来说，绝对不能错过任何一封邮件，这也导致她的工作效率非常低。

要想高效整理电子邮件，首先要学会分类。在分类之前，需要下载一个邮件客户端，因为每个人可能都有好几个不同的邮箱。就拿我来说，有腾讯、126、gmail、hotmail等多个邮箱，如果分别登录不同的邮箱，非常耽误时间，因此我会用手机下载一个客户端的APP，这样就可以同时接收不同邮箱的邮件了。

关于邮件分类，重要的是"公私分明"，工作邮件我会使用QQ邮箱，主要处理作者的投稿以及其他工作事宜，私人邮件则会选用gmail。这样一来，在工作时间我只需关注来自腾讯客户端的邮件即可，晚上下班之后再去查看私人邮箱，从而节省了很多精力与时间。

对于工作邮件，也没必要做到每封必读必回，有些邮件一看标题就知道没用，因而可以直接过滤掉。实际上，工作时间只需处理那些最重要的邮件，可以进行【置顶】或【加星】处理，例如，上级的邮件设置为加星，你就会意识到它的重要性，从而进行优先处理。

将重要邮件置顶处理，就不需要再去浪费时间查找了。另外每隔一段时间定期处理置顶邮件，取消置顶或直接删除。

此外，还有一些关于高效处理邮件的原则。

（1）广告邮件、垃圾邮件，直接放入回收站。

（2）120秒内可以完成回复的邮件，立即回复。如果你对该邮件暂不清楚，需要征询他人，则不必回复，等获悉准确消息之后再回复。例如，客户问你这个月销量，你需要征询上级才能决定是否告诉对方，那么这封邮件就先不用回复，在征得上级同意之后再进行回复。否则，你可能会在这件事上回复两次，第一次表示自己不清楚，需要询问上级，第二次再进行具体回复。实际上，这样浪费了时间。

（3）重要邮件秉持今日事今日毕原则，但不一定非要立刻处理。如果事情真的非常紧急，那么就会打电话了。因此对于比较重要的邮件，而你在120秒内又无法回复完毕的，就可以单独设置一个文件夹，例如"当日重要文件"。等你处理好手头工作之后再进行回复，否则频繁切换思路，只会耽误更多的时间。

（4）对于非紧急邮件，或者当时无法回复的邮件，可以设置一个"待回复邮件"文件夹。当你有时间之后或者能够准确回复之后，再回复即可。

（5）当你收到一封邮件之后，如果有比你更适合处理这件事的人选，直接转发即可。如果工作跟你相关，可设置一个"待跟进"文件夹，随时关注事态发展。

（6）删除已经处理完、没有用的邮件，这样会让收件箱更清爽。当你需要查阅之前的邮件时，也能够更轻松地找到所需邮件。否则，当收件箱里躺着几千封无效邮件，如果你不记得关键词，就需要一页一页翻看，从而浪费很多时间。

（7）每天设定处理邮件的固定时间，比如早上进入办公室之后、午休时间、下班之前，分别设定 10 分钟处理邮件。其他时间直接关掉邮件提醒，以免分心。

（8）如果每天的大部分工作内容都与邮件相关，那么可以设置定时，例如每 30 分钟、60 分钟查看一次。这样，你至少有一段时间可以专注于处理其他工作。

## 第四节　如何高效地搜集、分类、整理信息

在信息量空前巨大的互联网时代，如果不能掌握高效搜集、分类、整理信息的方法，就会浪费很多时间。由于工作性质的关系，我经常需要搜索大量的信息，且涉及各行各业，毕竟我不可能了解那么多行业。所以最开始的时候，只能是根据关键词在网上搜索。时间久了便发现，搜索的内容雷同，重复率很高，因为我能想到的关键词只有那么几个。这样不仅效果甚微，而且浪费了很多时间。

在搜索信息的过程中，很容易出现拖延的行为。尤其是经常分心的拖延症患者，本来是查找工作资料，突然蹦出来一个搞笑视频或者自己感兴趣的广告，就会轻而易举地被吸引。最后才发现，5 分钟能解决的问题，你却用了半小时。这种情况很常见，互联网时代要想专注确实不容易，因为让我们分心的内容太多了。所以在搜索信息的时候一定要做到精准，只搜集与当下任务相关的内容。

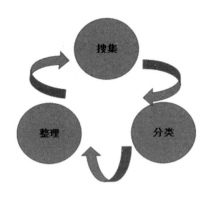

### 1. 搜集信息

搜集信息,指的是从各种渠道寻找相关信息。自从有了互联网之后,90%的信息都可以通过网络获取,其他信息则可以通过书籍、报纸、渠道甚至是闲谈中获取。不过关于各个圈子的内幕信息,目前很难从网上找到。在豆瓣平台上有一个名叫【掀起你的内幕来】的小组,里面会讲一些各行各业的内部消息,类似的小组也会有,但是内幕信息依然相对闭塞。因此要想对某一行业深入了解,在现有情况下还是要通过与业内人士详谈获得。

我们所谈的信息搜集,主要还是互联网方面的。我主要从以下几方面获取。

(1)社交平台。我经常用到的包括:博客、微博、微信公众平台等。微信的受众量巨大,因此优质内容也多,可以先关注感兴趣的公众号,然后很容易就能找到需要的内容。而微博的信息量庞杂,一定要善用搜索功能,否则会耽误很多时间。

(2)搜索引擎。推荐用 Google 和百度。相对来讲,Google

的信息准确度要稍高一些,使用"百度"搜索时需要我们细心筛选、识别信息。

(3)各类网站。在知乎、果壳、豆瓣这些网站,都可以搜索到感兴趣的相关内容。还有一些专业的网站,如维基百科、百度百科、MBA智库等,都可以查到有用的信息。

关于互联网信息搜集,关键在于搜索的技术,其中主题关键词是非常重要的。它可以起到确定方向的作用,知道要找什么内容,什么是有价值的内容,从什么地方找。

所以开始搜索之前,先确定关键词。不要想到一个就去搜索,先想好可能会用到的关键词,然后罗列出来,可以用思维导图的形式,更加清楚直观,如下图所示。

在搜索过程中,要不断更新关键词,根据每次搜索结果出来的线索跟踪、跟进。这样才能保证精准性,直至搜索到需要的内容。

如果一直找不到需要的内容,可以改变语言。例如使用英文搜索,毕竟很多内容都是从英文翻译过来的。另外,利用英文搜索会比中文搜索显示更多的内容。

每种语言就是一个不同的世界,你搜索时用到的语言越多,结果就越多,也就越有可能找到你需要的内容。

举个例子,以"收纳"或者"手账"这两个中文关键词进行搜索,然后将两个词翻译为日文进行搜索。对比搜索结果,你会看到很大的不同。如果用日文搜索内容更为丰富。

如果还是找不到感兴趣的内容,那么只能翻墙用 Google 了。

如果通过文字搜索找不到相关内容,还可以切换为图片搜索,之后点击图片链接浏览相关网站,寻找感兴趣的内容。

### 2. 信息分类

信息分类,也就是将搜索到的有用信息分门别类,存放到方便随时查阅的地方。之前搜集到的信息都是碎片化的、分散的,这时候就需要对信息进行整理、归类和储存。

进行信息分类,最有效的方式就是运用软件。下载一款名为印象笔记的 APP,里面的信息归纳功能非常好用。我在《人人都能戒掉拖延症——战胜拖延症的行动指南》一书中详细介绍过,感兴趣的读者可以看一下。

印象笔记有一个【剪藏】功能,非常有用。由于工作关系,我经常需要浏览很多内容、保存很多资料,之前都是复制粘贴,然后存储到 Word 文档之中,很是麻烦。自从用了印象笔记的【剪藏】功能,节省了很多时间。

非常简便,下载之后就可以使用了。如果不明白,网站上还有视频专门教你操作方法，很容易学。

通过【剪藏】保存的网页，还可以显示源网址，方便查阅。只要点击这个来源，就会自动打开相关联的网页。

### 3. 信息整理

不定期整理信息很重要，因为时间久了就会出现很多无效信息。虽然经过分类，但如果查阅到无效信息，同样会浪费时间。这就需要定期整理，删除无效信息。

整理信息同样包括重新归类的过程，还包括去除重复信息、留下精华信息、为信息加上标签，以便提高查阅速度。

整理信息不仅限于电子信息，一些很重要的纸质信息也需要定期整理。例如合同，可以存放在固定的文件夹中，每隔一段时间，处理掉过期、无用的文件，利用碎纸机处理或者单独放在一个文件夹中。

## 【APP实战】是时候整理你的联系人了

如今大家都业务繁忙，手机里至少存放着一两百个联系人，包括家人、朋友、同学、同事。最重要的就是客户，因为这些联系人直接关乎你的收入，弄丢了可不得了。

粗心的人可能都有丢手机的经历。智能手机没有普及之前，联系人的资料都是存放在计算机中，还有一些岁数大的人，索性直接将联系人一个一个抄在本子上。这样的工作效率放在今天简直无法想象，无形中就浪费了很多时间。

如今有了通讯录 APP，一切都变得简单了。有些设置简单的通讯录软件，只需一键即可快速恢复、备份，可谓"傻瓜式"软件，非常简便，任何人都可以很快学会并且上手。

在介绍相关 APP 之前，需要简单介绍一些通讯录整理的必要原则。

### 1. 重要联系人最好还是记在本子上

也许是我比较古板，或者是脑子笨用不好各类通讯录管理软件，之前更换手机的时候，有些 APP 可能没有设置好，恢复之后发现联系人不全，导致丢掉了很多重要的电话号码。

从此之后，我就养成了将重要联系人写在本子上的习惯。虽然这种做法并不符合高效原则，但是对我来说很重要。至少不会因为失误，错过重要联系人。

### 2. 定期整理通讯录

现在人们换号码、换工作的频率都很高，因而养成定期整理通讯录的习惯很重要。这里讲的整理并不仅仅局限于更新手机号码，删掉无效联系人。因为都是智能手机，点开联系人，还可以更新例如电话、地址、邮件等其他信息。

第七章 你的时间是整理出来的

下面介绍一款名叫 QQ 同步助手的 APP，下载量很大，使用非常简便。首先进入首页下载：http://pim.qq.com/。

点击"免费下载"按钮。

可以根据自己所用平台进行选择，也可以根据手机型号进行选择，非常方便。

下载之后，你会看到该款 APP 除了能够备份联系人资料之外，还提供一些其他功能，且都很实用。

点击左上角的"登录"按钮，你会看到 3 种登录方式，都十分快捷高效。

我选择 QQ 登录的方式。需要注意一点，最好以固定的方式登录。也就是说，如果用手机号登录，就不要突然改成 QQ 登录。由于作者太多，我有两个 QQ 号，上次换手机用错了 QQ 号，登录进去恢复手机联系人，发现少了很多，弄得我惊慌失措。所以，记住登录方式，一定不要弄混了。

登录进入主界面之后，你会发现只有两个选项，这也是最常用的两项——备份与恢复。

点击备份到网络，你的所有联系人就存好了，下次只需要用 QQ 号或手机号登录，再点击恢复到本机即可。

至此，联系人整理就算完成了，非常简单。QQ 同步助手还有一项非常好用的功能，就是软件备份。在智能手机时代，很多人都会装大量的 APP，那么一旦更换手机，重新下载会很耗时间，而 QQ 同步助手则可以帮你节省时间。

点击右上角的"界面"按钮▣，会出现"月光宝盒"界面，这里都是你平时下载过的软件，那些比较常用的软件已经帮你归好类了，直接恢复即可一键安装，省时省力。

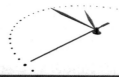

# 附录 1 经典的时间管理方法

## 【方法1】10 000小时定律

"10 000小时定律"最早由作家格拉德维尔在《异类》一书中提出,后被社会各界广泛认可。其大概意思就是,要想成为某个领域的专家,至少需要10 000小时。按照每天工作8小时,一周工作5天计算,至少需要5年才能在该领域有所成就。

该定律已经被广泛接受,并被很多GTD爱好者视为最基础、最有效的方法之一。

研究表明,要想掌握某项复杂的技能,大部分人都只有通过反复练习,而这个时间段正好是10 000小时。

神经学家丹尼尔说过:"随着研究不断深入,作曲家、篮球运动员、作家、滑冰运动员、钢琴家、棋手,甚至江洋大盗……无论你从事什么职业,10 000小时这个神奇的数字都一而再而三地出现。当然,这并不能解释为什么有些人能从等量的训练中获得更好的效果。但是可以肯定的是,目前还未发现任何一位世界级专家在其专业领域中的训练时长少于这个数字的。人的大脑好像必须花费这么长的时间进行消化理解,才能达到极其精通的水平。"

关于该定律的成功案例很多。

SUN公司创始人比尔·乔伊曾在采访中说道:"在密歇根大学的时候,我每天至少编程8~10小时,到了伯克利分校就更加没日没夜地编程。我经常到晚上两三点才睡觉,而且是趴在键盘上就睡着了。从我1971年进入密歇根大学开始,第二年学习编程,加上寒暑假,再加上伯克利分校的日日夜夜,编程花费了我大约10 000小时的时间。"

音乐神童莫扎特,在21岁时创作出了第九号钢琴协奏曲,即他的第一部经典作品,而此时他已经作曲10个年头。

国际象棋大师鲍比·菲舍尔成功问鼎冠军宝座用了9年时间。

……

该定律认为,无论是普通人还是天赋异禀者,要想在某个领域有所作为,都必须经过10 000小时以上的练习。当然,这也不是绝对的,还需要考虑一些其他因素。例如,天赋与质量。

**天赋**

有些人天生基因就好,所以他们在某个领域更容易成功,用时也许会在 10 000 小时以下。还有些人对某事缺少天赋,所以即便练习 20 000 个小时,也可能一无所成。

**质量**

在练习过程中,质量是很重要的,而 10 000 小时定律指的就是高质量的练习。如果你是一位足球迷,又恰好关注英超,那么一定不会忘记莱斯特城奇迹,他们的当家前锋瓦尔迪 15 岁就开始接触业余足球,实际开始踢球的年龄则更小。他接触足球的时间远远超过了 10 000 小时,但是之前一直踢业余联赛,对抗性不足,所以加盟莱斯特城。开始职业联赛的第一年,他的状态很差,完全无法应付更加激烈的比赛。

10 000 小时定律并不能保证每个人都成为天才,而只是一种时间管理方法。俗话说"勤能补拙",在擅长的领域经过 10 000 小时的高质量练习之后,即便不能成为该领域的专家,至少也会比之前的自己进步一大截。

所以,对于目前一无是处、时间效率低下的人来说,完全不用考虑该定律是否可行,是否可以运用在自己身上。只要是在擅长的领域坚持练习,就一定会获得进步。

## 【方法2】四象限法则

"四象限法则"由美国管理学家史蒂芬·柯维提出,是比较常用的时间管理理论之一。它把工作按照重要和紧急两个不同的程度进行了划分,基本上可以分为四个"象限",如下所示。

- 重要而紧急
- 重要不紧急
- 不重要但紧急
- 不重要不紧急

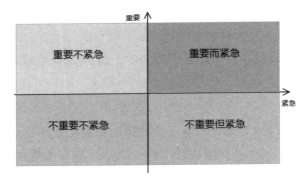

（荞麦供图出自《高绩效时间管控课》）

四象限法则又叫十字法则，其创始人并不是史蒂芬·柯维，而是美国五星上将艾森豪威尔。他为了应付纷繁的事务，发明了著名的"十"字法则，即画一个"十"字，分成四个象限，分别是重要紧急的、重要不紧急的、不重要紧急的、不重要不紧急的，并把自己要做的事都放进去。之后，史蒂芬·柯维对该方法进行了改良，并一直沿用至今。

将工作任务按照四象限进行划分之后，完成的顺序应该是：

"重要而紧急"→"重要不紧急"→"不重要但紧急"→"不重要不紧急"。

实际上，很多时候你会发现最后一栏的任务根本没必要做，它们只会浪费你的时间。

上面是执行任务的理想顺序，但有时候我们会优先处理"不重要但紧急"的任务，因为它在时间上非常受限。在处理这类任务的时候，首先要考虑的便是该任务的紧迫性，除非为非做不可的急事，否则还是倾向于处理重要任务。毕竟每天会有很多突发事件，如果你的时间与精力都用在"救火"上面，那么效率就会大打折扣。

下图为利用四象限法则对具体工作任务进行分类，这样先做哪件事、后做哪件事便一目了然了。

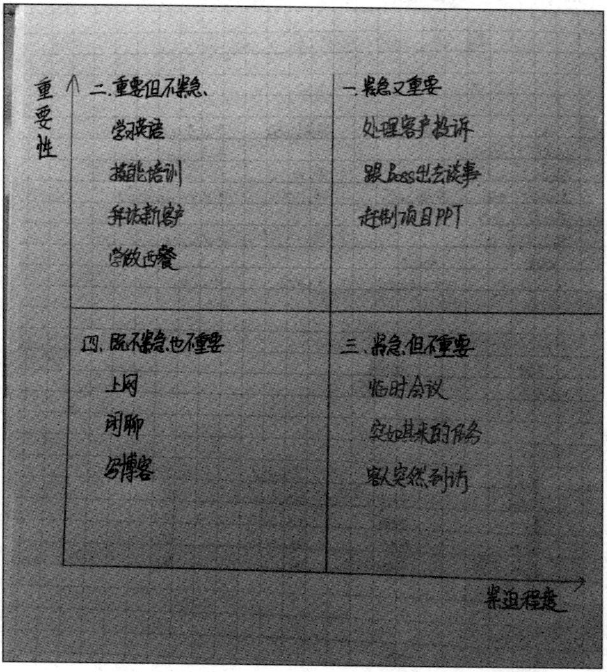

重要性 ↑

二、重要但不紧急
　学习英语
　技能培训
　拜访新客户
　学做正餐

一、紧急又重要
　处理客户投诉
　跟 boss 谈事
　赶制项目 PPT

四、既不紧急也不重要
　上网
　闲聊
　写博客

三、紧急但不重要
　临时会议
　突如其来的任务
　客人突然到访

→ 紧迫程度

## 【方法3】GAINS法则

GAINS 法则，也是时间管理方法之一。GAINS 是五个单词首字母的缩写，分别是：① G 为 goal；② A 为 assessment；③ I

为 idea；④ N 为 next step；⑤ S 为 support。

——goal（目标）

——assessment（评估）

——idea（想法）

——next step（下一步）

——support（支持）

❖ Goal：确认目标

做事必须有明确的目标，这是任何一种时间管理方法的前提。所以在开始一项任务之前，务必明确以下几点。

为什么要这样做？（目的）

做这件事可以学到什么？是否能坚持下来？（过程）

想要得到什么？能做到怎样的程度？（结果）

评估目标的可执行性。（执行）

❖ Assessment：评估机会、风险、困难

目标设定完毕之后，第二阶段就是评估，你需要分析出其中的机会与利益、面临的风险与困难、具备的优势与存在的缺陷。

充分认识目标之后，进行合理客观的自我评估，就相当于事先做好充分的计划，从而能够将风险降到最低。

❖ Idea：想法

评估之后，如果任务可行，第三阶段就是出具体规划方案的时候，查找资料、制订计划、设计方法等。

❖ Next step：下一步

执行方案设计完毕之后，就要进入实质性阶段——行动。这也是拖延症患者最重要的问题，大部分人都有目标、有想法、有计划，就是不行动。

一切任务的关键都在于落实，所以准备好了，就开始行动吧。

❖ Support：支持

完成一项困难的任务，支持不可或缺。这是一种无形的精神力量，家人、朋友、同事的支持非常重要，会让我们坚定信念，勇敢前行。在通往成功的路上，我们需要学会与人合作，获得足够的支持，这不仅来自精神方面，还来自技术、资金、经验、人脉等物质方面。

因此，当上述四步完成之后，你还需要寻找支持，这是确保任务最终被顺利执行的基础。

如果你对这种时间管理方法很感兴趣，那么可以从《人人都能戒掉拖延症——战胜拖延症的行动指南》一书中找到更多详细的内容。

## 【方法4】5分钟临时清单

"5分钟临时清单"，是一种简单快速的时间管理方法。当你准备开始工作之前，花5分钟的时间将所有待办事项列出一个清单，接下来按照清单一一执行即可。

有人说5分钟时间太短了，还不够思考呢。之所以设定为5分钟，就是要提高效率，让你在短时间内专注于当下的任务。5分钟临时清单并不适合作为每日计划，因为一天的工作繁忙，需要处理的任务很多，只用 5 分钟列清单显然是不够的。

5 分钟临时清单，顾名思义，就是用作处理临时性事件。比如上司突然吩咐你做一份本月销售业绩的 PPT，当你无从下手的时候，可以利用 5 分钟临时清单简单列出具体任务。

（1）找销售部要数据。

（2）直接在上月的 PPT 销售模板上修改。

（3）完成后先与销售经理核对数据。

简单列出任务之后，你的思路就出来了，这样执行起来效率也会更高。虽然是临时清单，也要遵循 SMART 原则，确保所列任务可以实现。

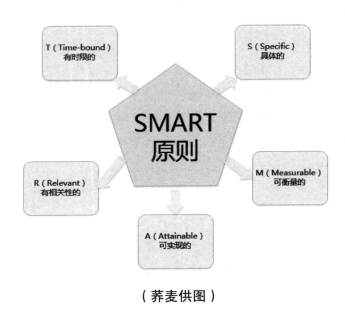

（荞麦供图）

## 【方法5】20分钟法则

# *20 minutes*
# 黄金高效法则

"20分钟法则",指的是将任务分成若干个20分钟,在每一个20分钟内高度集中精神,20分钟后停止并休息一下。如此反复,直到事情做完为止。

这种方法实际上与番茄钟是一个道理,只不过一个是20分钟,一个是25分钟。研究表明,成年人的注意力大约只能持续40分钟甚至更短。所以针对专注力差的人,20分钟法则可以在短时间内帮助他们专注于工作,有效提高工作效率。

关于这种方法的运用也很简单。在处理一项工作时,以20分钟作为一个时间段,在此期间屏蔽一切干扰,例如,关掉手机、电脑,专心处理工作,20分钟之后停下来休息。然后开始第二个20分钟,直到整项工作完成。

20分钟法则的用法如下。

➤ 坚持20分钟,你就会进入状态。
➤ 专注20分钟,你的效率就会提高。
➤ 努力20分钟,你会变得不一样。
➤ 休息20分钟,给自己一个更好的状态。

在此法则之下,还可以进行无限扩展。总之,让20分钟法则成为你的工作习惯，你的专注力就会得到显著改善，同时工作效率也会提高。

当然，根据每个人专注时间长短的不同，也可以设置为 15 分钟、25 分钟、30 分钟等不同时间段。

# 附录 2
## 超级实用的时间管理哲理与技巧

除了本书之前介绍过的时间管理方法之外,这里还有一些很有效的方法,都可以结合自身情况使用。

### 1. 当你在工作状态时多做一些,不在工作状态时则少做一些

当你的工作状态不错时,效率可能会是平时的一两倍甚至更多,这时即便已经到了下班时间,也完全可以继续投入工作,因为你的工作效率、质量都会得到保障;反之,如果你今天没有状态,比如绞尽脑汁也写不出东西,那么就不用逼自己,等状态恢复之后,迎头赶上进度即可。

### 2. 重视你的时间,并以每小时来衡量它的价值,这样做会帮你尽快行动起来

我发现一个很有趣的现象,平时周末组织踢球,约好的比

赛总有人迟到或者缺席,而那些球友单位组织的比赛则无人缺席。这是为什么?因为后者罚款!

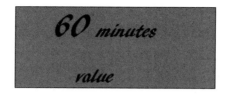

金钱是能让人行动起来的最大动力,所以当你拖延或无事可做的时候,用你的薪水除以工作时间,换算出你的 1 小时值多少钱,这样就会产生一种无形的压力,即你浪费的不是时间,而是金钱,之后行动的意愿就会更加强烈。

### 3．摒弃多任务处理的想法

很多高效能人士每天都非常忙碌,且往往会同时处理几项任务。然而研究证明,多任务处理可能会降低效率,导致无法专注,浪费更多时间。所以,如果你没有同时处理几项任务的能力,最好摒弃多任务处理的想法,以免浪费更多时间。

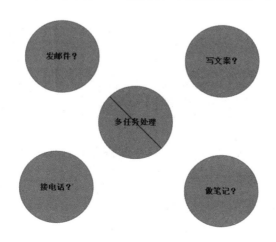

### 4. 摒弃完美的想法

完美的想法是很致命的，尽管可以期待，但不能强求。越是苛求完美的人，工作越容易出现拖延的现象。先完成再完美，这是始终不变的准则。

### 5. 工作时间越长，不代表效率越高

工作时间与工作效率并不能画等号。正如前面所说，有状态的时候，工作效率是没状态时的一两倍，甚至更高。

$$工作时间 \neq 工作效率$$

因此，如果你想提升效率，并不能单纯地增加工作时间。

### 6. 精简会议时间

80%以上的会议都存在无效现象。所以如果你是领导，一定要精简会议内容，控制会议时间。

### 7. 从没有两个任务具有相同的优先级

总会有一件事更为重要，也会有一件事更为紧迫。根据四象限法则进行处理，同时要把握"紧急不重要事件"与"重要不紧急事件"，如果总是先处理紧急不重要事件，那么就会耽误

重要任务的进度。而每天都可能会遇到很多紧急事件，如何把握分寸便显得尤为重要。

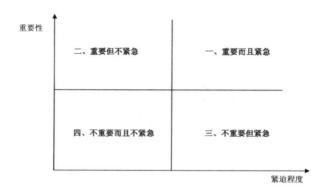

### 8. 只完成一天中最重要的几件事

每天任务那么多，不一定都能够处理完，那么一定要找出最重要的几件事，这才是一天的重点。确保这几件事的进度，远比花时间关注其他事重要得多。

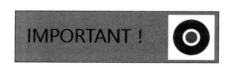

### 9. 相信他人，学会授权

团队合作是高效工作的前提之一。如果你是一位管理者，就没必要事必躬亲，一定要学会授权,这样可以节省出很多时间。

## 10. 最后期限

每项任务都需要设定最后期限，这样才会有压力，从而产生动力。千万不要让工作无限期拖延下去，否则你就会染上拖延症。

## 11. 找出使你分心的因素

当你开始工作之后，记录下那些让你分心的因素，例如微信、微博、QQ、邮件等。下一次开始工作之前，消除掉这些因素。

## 12. 善于利用 APP

各类时间管理 APP 可以很好地提升工作效率，找到适合自己的一款或几款 APP，注意同一类型的只用一款，否则会乱。

### 13. 及时休息

及时休息并不是在浪费时间,反而是为了更好地投入下一段工作之中。我就有睡午觉的习惯,每天如果能睡着,20分钟就够了。这样整个下午都会充满精力,远比喝咖啡的效果好得多。